Sujets types inédits Commissaire de police et officier de police

Marc DALENS

Ouvrage dirigé par Laurence BRUNEL

Studyrama
Réussir son avenir

Sommaire

Préface

La carrière d'officier de police ou de commissaire de police est l'une des plus stimulantes qui puissent être : au service de la collectivité, vous pourrez exercer des métiers très variés et connaître des environnements professionnels radicalement différents. Un même cadre de la police nationale peut successivement travailler dans l'investigation criminelle, le contre-terrorisme, ou bien en sécurité publique. Rares sont les professions qui permettent un aussi large choix.

Pour autant, ces deux concours sont particulièrement exigeants et sélectifs. Il importe de bien vous renseigner et vous préparer. C'est l'objet de ce manuel. Vous y trouverez des conseils et des sujets inédits d'annales corrigées afin de vous former dans les meilleures conditions. Il est à jour des dernières réformes du concours.

Ce manuel comporte les sujets inédits d'annales des principales épreuves écrites du concours : dissertation et cas pratique.

Nous attirons votre attention sur le fait que ce manuel comprend exclusivement des conseils méthodologiques et des sujets inédits d'annales corrigées des épreuves écrites des concours d'officier de police et de commissaire de police. Sa lecture devra être complétée par celle du manuel *Commissaire de police et officier de police* (éditions Studyrama), notamment pour approfondir votre culture générale, mieux connaître votre futur environnement professionnel et vous préparer à l'oral avec le jury.

Nous terminerons par quelques recommandations aux candidats :

- soyez régulier dans votre travail et fixez-vous des objectifs de préparation compatibles avec vos obligations ;
- entraînez-vous à toutes les épreuves, sans en négliger une seule ;
- tenez-vous informé de l'actualité.

Bon courage dans votre travail et bonne chance à tous !

Les épreuves des concours

1. Les épreuves du concours d'officier de police

Concours externe

Admissibilité

- **Une épreuve de culture générale** consistant en une dissertation sur un sujet d'ordre général relatif à l'évolution des idées et des faits politiques, économiques et sociaux en France et dans le monde depuis 1900 jusqu'à nos jours (durée : 4 heures ; coefficient 4).
- **Une épreuve consistant, à partir d'un dossier documentaire à caractère administratif, en la résolution d'un cas pratique** visant à dégager des propositions et solutions argumentées. Le dossier peut comporter des graphiques ainsi que des données chiffrées. Il ne peut excéder 30 pages (durée : 4 heures ; coefficient 3).
- **Une épreuve consistant en un questionnaire à choix multiples ou à réponses courtes** portant sur les connaissances générales des événements qui font l'actualité politique française et internationale, le fonctionnement institutionnel politique français et européen, les règles du comportement citoyen, les missions et l'organisation générale des services de la police nationale et des services du ministère de l'Intérieur (durée : 1 heure ; coefficient 3).
- **Un questionnaire à choix multiples ou à réponses courtes** portant sur le droit administratif général et/ou les libertés publiques (durée : 1 heure ; coefficient 2).
- **Une épreuve portant sur le droit et/ou la procédure pénale** (durée : 3 heures ; coefficient 2).

Les épreuves écrites font l'objet d'une double correction à l'exception des questionnaires à choix multiples.

Pré-admission

Pour y participer, le candidat doit avoir obtenu aux épreuves d'admissibilité un total de points, fixé par le jury, qui ne peut être inférieur à 112.
Les épreuves de pré-admission comportent deux épreuves d'exercices physiques composées d'un parcours d'habileté motrice et d'un test d'endurance cardio-respiratoire (coefficient 3). Toute note inférieure à 7 sur 20 à l'une ou l'autre des épreuves est éliminatoire.

Admission

Pour y participer, le candidat doit avoir réussi les épreuves de pré-admission :

- **des tests psychotechniques écrits**, non notés, destinés à évaluer leur profil psychologique et leur capacité à travailler en groupe (durée : 3 heures) ;
- **une épreuve de mise en situation individuelle** à partir d'un cas pratique tiré au sort pouvant comporter un dossier documentaire professionnel d'une dizaine de pages (durée : 30 minutes ; préparation : 30 minutes ; coefficient 4) ;
- **un entretien avec le jury** s'appuyant sur des questions d'ordre général à partir d'un thème d'actualité tiré au sort par le candidat permettant d'apprécier les qualités de réflexion et les connaissances du candidat, ainsi que son aptitude et sa motivation à exercer l'emploi auquel il postule (durée : 35 minutes ; préparation : 35 minutes ; coefficient 5). Toute note inférieure à 5 sur 20 est éliminatoire. Les membres du jury disposent, pour aide à la décision, des résultats des tests psychotechniques passés par le candidat, interprétés par le psychologue ;
- **une épreuve orale obligatoire de langue étrangère** consistant en une conversation (durée : 15 minutes ; coefficient 3). Les langues admises sont l'allemand, l'anglais, l'espagnol, l'italien. Le candidat indique son choix lors de son inscription au concours. Il ne peut en aucun cas en changer postérieurement à la clôture des inscriptions.

Concours interne

Admissibilité

- **Une épreuve de culture générale** consistant en une dissertation sur un sujet d'ordre général relatif à l'évolution des idées et des faits politiques, économiques et sociaux en France et dans le monde depuis 1900 jusqu'à nos jours (durée : 4 heures ; coefficient 4).
- **Une épreuve consistant, à partir d'un dossier documentaire à caractère administratif, en la résolution d'un cas pratique** visant à dégager des propositions et solutions argumentées. Le dossier peut comporter des graphiques ainsi que des données chiffrées. Il ne peut excéder 30 pages (durée : 4 heures ; coefficient 3).
- **Une épreuve consistant en un questionnaire à choix multiples ou à réponses courtes** portant sur les connaissances générales des événements qui font l'actualité politique française et internationale, le fonctionnement institutionnel politique français et européen, les règles du comportement citoyen, les missions et l'organisation générale des services de la police nationale et des services du ministère de l'Intérieur (durée : 1 heure ; coefficient 3).

- **Un questionnaire à choix multiples ou à réponses courtes** portant, au choix du candidat :
  - soit sur le droit pénal général et/ou la procédure pénale et/ou le droit pénal spécial (durée : 1 heure ; coefficient 3) ;
  - soit sur le déminage, ce qui comprend la pyrotechnie, les interventions sur objets suspects à but d'attentat et la technologie munitionnaire (durée : 1 heure ; coefficient 3).

Le candidat indique son choix lors de son inscription au concours. Il ne peut en aucun cas en changer postérieurement à la clôture des inscriptions. Les épreuves écrites font l'objet d'une double correction, à l'exception des questionnaires à choix multiples.

Pré-admission

Pour y participer, le candidat doit avoir obtenu aux épreuves d'admissibilité un total de points, fixé par le jury, qui ne peut être inférieur à 104.
Les épreuves de pré-admission comportent deux épreuves d'exercices physiques composées d'un parcours d'habileté motrice et d'un test d'endurance cardio-respiratoire (coefficient 3). Toute note inférieure à 7 sur 20 à l'une ou l'autre des épreuves est éliminatoire.

Admission

Pour y participer, le candidat doit avoir réussi les épreuves de pré-admission.

- **Des tests psychotechniques** écrits, non notés, destinés à évaluer le profil psychologique du candidat et sa capacité à travailler en groupe (durée : 3 heures).
- **Une épreuve de mise en situation individuelle** à partir d'un cas pratique tiré au sort pouvant comporter un dossier documentaire professionnel d'une dizaine de pages (durée : 30 minutes ; préparation : 30 minutes ; coefficient 4).
- **Un entretien avec le jury** visant à apprécier la personnalité, les aptitudes du candidat ainsi que sa motivation, et à reconnaître les acquis de son expérience professionnelle. Cet entretien a pour point de départ un exposé du candidat sur son expérience professionnelle, d'une durée de 5 minutes au plus. Il se poursuit par un échange avec le jury sur des questions d'ordre général et sur sa connaissance des missions et de l'organisation de la direction générale de la police nationale. Pour conduire cet entretien, le jury dispose du dossier constitué par le candidat en vue de la reconnaissance des acquis de l'expérience professionnelle (durée : 35 minutes ; coefficient 5).

Toute note inférieure à 5 sur 20 est éliminatoire.
Le candidat fournit un dossier de présentation de son parcours professionnel dont le modèle sera disponible sur Internet au moment des inscriptions. Ce dossier est transmis au jury par le service organisateur du concours, après l'établissement de la liste d'admissibilité.
Les membres du jury disposent, pour aide à la décision, des résultats des tests psychotechniques passés par le candidat, interprétés par le psychologue.

2. Les épreuves du concours de commissaire de police

Concours externe

Admissibilité

- **Une épreuve de culture générale :** dissertation sur un sujet d'ordre général relatif à l'évolution des idées et des faits politiques, économiques et sociaux en France et dans le monde depuis 1900 jusqu'à nos jours (durée : 5 heures ; coefficient 4).
- **Une épreuve de résolution d'un cas pratique** : à partir d'un dossier documentaire à caractère administratif, dégager des propositions et solutions argumentées. Le dossier peut comporter des graphiques et des données chiffrées. Il ne peut excéder 30 pages (durée : 4 heures ; coefficient 4).
- **Un questionnaire à choix multiples ou à réponses courtes** portant sur les connaissances générales des événements qui font l'actualité politique française et internationale, le fonctionnement institutionnel politique français et européen, les règles du comportement citoyen, les missions et l'organisation générale des services de la police nationale et des services du ministère de l'Intérieur (durée : 1 heure ; coefficient 3).
- **Deux compositions :**
  - l'une porte sur le droit administratif général et/ou les libertés publiques et/ou le droit de l'Union européenne (durée : 3 heures ; coefficient 4) ;
  - l'autre porte sur le droit pénal général et/ou la procédure pénale (durée : 3 heures ; coefficient 4).

Les épreuves écrites font l'objet d'une double correction à l'exception du questionnaire à choix multiples.

Pré-admission

Pour y participer, le candidat doit avoir obtenu aux épreuves d'admissibilité, un total de points déterminés par le jury, qui ne peut être inférieur à 152.
Les épreuves de pré-admission comportent deux épreuves d'exercices physiques composées d'un parcours d'habileté motrice et d'un test d'endurance cardio-respiratoire (coefficient 3). Toute note inférieure à 7 sur 20 à l'une ou l'autre des épreuves est éliminatoire.

Admission

Pour y participer, le candidat doit avoir réussi les épreuves de pré-admission :

- **des tests psychotechniques écrits** : non notés et destinés à évaluer le profil psychologique des candidats et leur capacité à travailler en groupe (durée : 3 h 30) ;
- **une épreuve de mise en situation individuelle** : à partir d'un cas pratique tiré au sort pouvant comporter un dossier documentaire professionnel d'une dizaine de pages (durée : 30 minutes ; préparation : 30 minutes ; coefficient 4) ;
- **une épreuve collective** : mise en situation à partir d'un cas pratique tiré au sort pouvant comporter un dossier documentaire professionnel d'une dizaine de pages permettant de répondre à une problématique avec toute une équipe (durée : 35 minutes ; coefficient 4). Les candidats sont répartis en groupes (quatre à six) afin d'évaluer leur comportement, leur façon de s'exprimer et leur capacité relationnelle et décisionnelle ;
- **une épreuve orale de langue étrangère** : conversation à partir d'un texte, écrit dans la langue choisie, tiré au sort par le candidat. Les langues admises sont l'allemand, l'anglais, l'espagnol, l'italien. Le candidat indique son choix dans sa demande d'inscription au concours. Il ne peut en aucun cas en changer postérieurement à la clôture des inscriptions (durée : 20 minutes ; préparation : 20 minutes ; coefficient 4) ;
- **un entretien avec le jury** : porte sur des questions d'ordre général à partir d'un thème d'actualité tiré au sort par le candidat. Il permet d'apprécier les qualités de réflexion et les connaissances du candidat, ainsi que son aptitude et sa motivation à exercer l'emploi auquel il postule (durée : 35 minutes ; préparation : 35 minutes ; coefficient 7).

Les membres du jury disposent, pour aide à la décision, des résultats des tests psychotechniques, interprétés par le psychologue. Toute note inférieure à 5 sur 20 est éliminatoire.

Concours interne

Admissibilité

- **Une épreuve de culture générale** : dissertation sur un sujet d'ordre général relatif à l'évolution des idées et des faits politiques, économiques et sociaux en France et dans le monde depuis 1900 jusqu'à nos jours (durée : 5 heures ; coefficient 4).
- **Une épreuve de résolution d'un cas pratique** : à partir d'un dossier documentaire à caractère administratif, dégager des propositions et solutions argumentées. Le dossier peut comporter des graphiques et des données chiffrées. Il ne peut excéder 30 pages (durée : 4 heures ; coefficient 4).

- **Un questionnaire à choix multiples ou à réponses courtes :** porte sur les connaissances générales des événements qui font l'actualité politique française et internationale, le fonctionnement institutionnel politique français et européen, les règles du comportement citoyen, les missions et l'organisation générale des services de la police nationale et des services du ministère de l'Intérieur (durée : 1 heure ; coefficient 3).
- **Un questionnaire à choix multiples ou à réponses courtes :** porte sur le droit administratif général et/ou les libertés publiques et/ou le droit de l'Union européenne (durée : 1 heure ; coefficient 4).
- **Une épreuve sur un ou plusieurs cas pratiques :** sur le droit pénal général et/ou le droit pénal spécial et/ou la procédure pénale (durée : 2 heures ; coefficient 4).

Les épreuves écrites font l'objet d'une double correction à l'exception des questionnaires à choix multiples.

Pré-admission

Pour y participer, le candidat doit avoir obtenu aux épreuves d'admissibilité, un total de points déterminés par le jury, qui ne peut être inférieur à 152.
Les épreuves de pré-admission comportent deux épreuves d'exercices physiques composées d'un parcours d'habileté motrice et d'un test d'endurance cardio-respiratoire (coefficient 3). Toute note inférieure à 7 sur 20 à l'une ou l'autre des épreuves est éliminatoire.

Admission

Pour y participer, le candidat doit avoir réussi les épreuves de pré-admission :
- **des tests psychotechniques écrits :** non notés et destinés à évaluer le profil psychologique des candidats et leur capacité à travailler en groupe (durée : 3 h 30) ;
- **une épreuve de mise en situation individuelle :** à partir d'un cas pratique tiré au sort pouvant comporter un dossier documentaire professionnel d'une dizaine de pages (durée : 30 minutes ; préparation : 30 minutes ; coefficient 4) ;
- **une épreuve de mise en situation collective :** à partir d'un cas pratique tiré au sort pouvant comporter un dossier documentaire professionnel d'une dizaine de pages permettant de répondre à une problématique avec toute une équipe (durée : 35 minutes ; coefficient 4). Les candidats sont répartis en groupes (quatre à six) afin d'évaluer leur comportement, leur façon de s'exprimer et leur capacité relationnelle et décisionnelle ;
- **une épreuve orale de langue étrangère :** conversation à partir d'un texte, écrit dans la langue choisie, tiré au sort par le candidat. Les langues admises sont l'allemand, l'anglais, l'espagnol, l'italien. Le candidat indique son choix dans sa demande d'inscription au concours. Il ne peut en aucun cas en changer postérieurement à la clôture des inscriptions (durée : 20 minutes ; préparation : 20 minutes ; coefficient 4).

- **un entretien avec le jury** : vise à apprécier la personnalité, les aptitudes du candidat ainsi que sa motivation, et à reconnaître les acquis de son expérience professionnelle. Cet entretien a pour point de départ un exposé du candidat sur son expérience professionnelle, d'une durée de 5 minutes au plus. Il se poursuit par un échange avec le jury sur des questions d'ordre général et sur sa connaissance des missions et de l'organisation de la direction générale de la police nationale. Pour conduire cet entretien, le jury dispose du dossier constitué par le candidat en vue de la reconnaissance des acquis de l'expérience professionnelle (durée : 35 minutes ; coefficient 7).

Le candidat fournit à une date fixée dans l'arrêté d'ouverture du concours un dossier de présentation de son parcours professionnel dont le modèle sera disponible sur ce site. Il est transmis au jury par le service organisateur du concours, après l'établissement de la liste d'admissibilité.
Les membres du jury disposent, pour aide à la décision, des résultats des tests psychotechniques passés par le candidat, interprétés par le psychologue. Toute note inférieure à 5 sur 20 est éliminatoire.

PARTIE I

Culture générale

4 heures
(concours d'officier de police)
ou
5 heures
(concours de commissaire de police)
Coefficient 4

1 Présentation de l'épreuve de dissertation

Pour le concours d'officier de police, l'épreuve de culture générale consiste en une dissertation sur un sujet d'ordre général relatif à l'évolution des idées et des faits politiques, économiques et sociaux en France et dans le monde depuis 1900 jusqu'à nos jours. L'épreuve dure 4 heures et est affectée d'un coefficient 4.

Pour le concours de commissaire de police, l'épreuve de dissertation porte sur un sujet d'ordre général relatif à l'évolution des idées et des faits politiques, économiques et sociaux en France et dans le monde depuis 1900 jusqu'à nos jours. L'épreuve dure 5 heures et est affectée d'un coefficient 4.

Cette épreuve doit permettre au jury d'apprécier, outre les qualités rédactionnelles des candidats, leur ouverture au monde, leur aptitude au questionnement, à l'analyse et à l'argumentation.

1. Sujets de sessions précédentes du concours d'officier de police

Pour les années les plus récentes, le sujet est identique pour les concours externe et interne d'officier.

- « Notre maison brûle et nous regardons ailleurs. » Commentez cette citation de Jacques Chirac lors de l'assemblée plénière du 4e sommet de la Terre à Johannesbourg (Afrique du Sud) le 2 septembre 2002. *(2018)*
- Comment l'évolution du travail transforme-t-elle notre société ? *(2017)*
- La culture est-elle une affaire d'État ? *(2016)*
- Peut-on admettre l'insécurité dans nos sociétés contemporaines ? *(2015)*
- Une guerre peut-elle être légitime ? *(Externe, 2014)*
- Médias et police. *(Interne, 2014)*
- L'Occident : crise ou déclin ? *(Externe, 2013)*
- Obéissance et discernement. *(Interne, 2013)*
- Une discrimination peut-elle être juste ? *(Externe, 2012)*
- Commentez cette citation de Thucydide : « La force de la Cité n'est pas dans ses remparts ni dans ses vaisseaux, mais dans le caractère de ses habitants. » *(Interne, 2012)*
- Peut-on tout dire sur Internet ? *(Externe, 2011)*
- Qu'est-ce que le mérite aujourd'hui ? *(Interne, 2011)*

2. Sujets de sessions précédentes du concours de commissaire de police

Pour le concours de commissaire, le sujet est commun aux deux types de concours (interne et externe).

- L'échec à l'école est-il l'échec de l'école ? *(2019)*
- Quel avenir pour l'Europe ? *(2018)*
- L'État est-il performant ? *(2017)*
- Où est le pouvoir ? *(2016)*
- La population doit-elle se reconnaître dans les représentants de l'État ? *(2015)*
- Existe-t-il encore des frontières ? *(2014)*
- L'évaluation, une obsession ? *(2013)*
- La religion est-elle compatible avec la modernité ? *(2012)*
- L'opinion publique fait-elle la loi ? *(2011)*
- Peut-on enseigner la responsabilité ? *(2010)*
- La santé d'une nation se mesure à la santé de sa jeunesse. *(2009)*

3. Les écueils à éviter

Selon les rapports de jury des concours d'officier et de commissaire, les principaux écueils sont les suivants.

- Les erreurs principales qui concernent la structure du devoir :
  - **un plan absent ou déséquilibré** : le plan est indispensable. C'est le fil conducteur du devoir qui montre clairement le cheminement de la pensée du candidat, évite les redites et permet une articulation claire et rigoureuse du travail rédactionnel ;
  - **un style maladroit ou une présentation bâclée** : la présentation d'un devoir ne doit jamais manquer de rigueur. Le candidat ne doit pas se contenter de raconter ou de juxtaposer des faits et des exemples. Il doit faire l'effort de personnaliser sa copie afin de la rendre à la fois intéressante et originale ;
  - **les maladresses d'expression** : les phrases doivent être correctement rédigées et immédiatement compréhensibles.
- Les erreurs qui concernent la technicité de l'épreuve :
  - une mauvaise compréhension du sujet ;
  - l'absence de discussion ou d'argumentation et de réponse à la question posée par le sujet ;
  - un développement trop technique, économique ou juridique ;
  - une réflexion limitée au seul cas français.

4. Les attentes du jury

Toujours selon les différents rapports de jury des concours, les attentes du jury sont les suivantes : « Le candidat doit traiter le sujet en généraliste et non en spécialiste d'une discipline particulière : une copie qui, dans son contenu et sa forme, s'apparente à un devoir de droit, de critique littéraire, d'histoire, de géographie ou encore à une rédaction de l'enseignement primaire est donc considérée comme témoignant d'une mauvaise compréhension de la nature de l'épreuve ; les faits et opinions évoqués doivent l'être brièvement et comme des exemples illustrant et soutenant une argumentation.

Il ne s'agit ni de restituer une question de cours, ni de relater des faits, mais de disserter, pour répondre explicitement à la question posée. La réflexion du candidat doit être en prise directe sur l'actualité, sans toutefois prendre l'allure d'un article de presse.

Le rédacteur est invité à prendre personnellement position sur le thème évoqué, notamment dans sa conclusion, en évitant, toutefois, de se mettre constamment en scène et, aussi, d'exprimer des opinions agressives ou paradoxales ; mais les copies impersonnelles et ternes sont habituellement plus nombreuses que celles qui versent dans la polémique...

On attend du rédacteur qu'il s'exprime clairement et correctement et que son propos soit construit ; les correcteurs constatent que nombre de copies sont très déficientes sur ces deux points : expression maladroite et parfois hermétique, phrases mises bout à bout, sans lien logique, même si les "donc" et "par conséquent" abondent ; fautes d'orthographe et notamment d'accord ; plans inexistants ou purement artificiels, ne permettant pas de présenter une argumentation... On peut exiger qu'au minimum le devoir comporte une introduction et une conclusion, encadrant plusieurs développements bien identifiés (deux ou trois parties, elles-mêmes divisées en plusieurs sous-ensembles, mais non matérialisées par un plan apparent).

Enfin, il importe surtout que le candidat ait compris le sujet ; au minimum, qu'il n'ait pas fait de contresens (erreur fréquente due à une interprétation erronée d'un ou plusieurs termes) ; mieux : qu'il ait compris la richesse du sujet soumis à sa réflexion et la diversité de ses implications ; assez souvent, la question posée est perçue dans un sens trop étroit, ou, à l'inverse, trop large ; certains candidats, hésitant entre ces deux possibilités, signalent judicieusement, d'entrée de jeu, que le thème proposé étant trop vaste, ils traiteront préférentiellement ceux de ses aspects qui leur paraissent les plus importants.

En plus des défauts déjà signalés, quelques autres se rencontrent fréquemment dans les devoirs et devront être sanctionnés :

- des introductions trop courtes qui se contentent de rappeler l'intitulé du sujet et d'annoncer le plan ; il est judicieux de consacrer quelques lignes à l'évocation d'une idée générale ou d'un fait d'actualité qui justifie l'intérêt du sujet, sans que, toutefois, on se félicite que le jury l'ait posé. L'introduction est parfois, au contraire, trop longue et résume le devoir, ce qui prive celui-ci d'une part de son intérêt. L'annonce du plan manque souvent, ou bien n'est pas assez explicite, ou bien, encore, ne correspond pas au contenu du devoir.

- des conclusions ou trop brèves (certains candidats sont pris par le temps ou bien n'ont plus rien à dire...), ou trop longues, qui refont le devoir et parfois en amorcent un second ; les manuels et les enseignements portant sur cette épreuve suggèrent que la conclusion résume brièvement le devoir, en répondant à la question posée et ouvre, pour finir, une perspective d'avenir ; on peut exiger qu'au minimum, cette conclusion comporte une réponse précise et personnelle à la question posée, les candidats éprouvant souvent quelques difficultés à aller au-delà... ;
- parties ou sous-parties matérialisées par des titres, sous-titres, lettres ou chiffres ;
- un mauvais usage des citations : parfois trop longues et qui ralentissent la démonstration, souvent faites mal à propos, ou encore inexactes ou attribuées à tort ; le bon candidat, sans s'interdire les citations bien placées, leur préfère de brèves allusions qui soutiennent son argumentation en lui permettant de faire – discrètement – montre de sa culture ;
- une ponctuation souvent défectueuse, voire presque inexistante : des points suivis de minuscules, trop de parenthèses, pas de point d'interrogation au terme d'une question directe, ou bien tel signe de ponctuation concluant une interrogation indirecte ;
- des copies mal présentées : écriture difficile à déchiffrer, ratures, traces de liquide correcteur, additions en marge ou entre les lignes. Des espaces insuffisants entre les sous-ensembles du devoir, nuisant à la clarté du plan ;
- sanction des fautes d'expression et, notamment, des fautes d'orthographe ; les avis diffèrent sur ce point, mais il semble anormal qu'une copie très déficitaire dans ce domaine bénéficie d'une bonne note, même si elle donne satisfaction par ailleurs ;
- il semble normal qu'une erreur de taille sur le sens du sujet soit sévèrement sanctionnée, mais la qualité de l'expression, la clarté du plan, l'intérêt que présentent les faits et opinions nourrissant la copie peuvent conduire à alléger quelque peu cette sanction.

En définitive, il peut paraître opportun d'apprécier positivement un devoir qui, nonobstant quelques imperfections (quelques formulations maladroites, de rares fautes... d'inattention, une conclusion un peu fruste), serait bien centré sur le sujet, exprimerait une opinion personnelle marquée par le bon sens et une originalité de bon aloi, et comporterait un plan simple et clair.

Parmi les copies que l'on peut considérer comme médiocres sur le fond et dans la forme sans qu'elles soient spectaculairement fautives, peuvent bénéficier d'une certaine indulgence celles dont les auteurs ont fait l'effort de construire un plan et de répondre explicitement à la question posée.

Sans doute doit-on se montrer plus sévère pour les devoirs qui pêcheraient par l'un des défauts majeurs déjà évoqués (expression très déficiente et mauvaise compréhension du sujet) et, bien entendu, ceux qui cumuleraient ces deux défauts, étant entendu qu'une erreur sur le sens du sujet pourrait bénéficier de très légères circonstances atténuantes en considération de qualités incontestables manifestées par ailleurs. »

5. Notation de l'épreuve

Il arrive que des correcteurs n'aient pas la même appréciation du niveau de la note générale à accorder en fonction d'une qualité identique de travail. Certains, par exemple, peuvent vouloir accorder un 16, 17 voire 18 à une copie de culture générale qualifiée de très bien alors que d'autres ne noteront jamais plus de 15 dans cette matière.

Les repères de niveau des notes affectés de variantes positives ou négatives (+ ou - 1 point) pourraient prendre la forme suivante :

- moyen 9/10
- assez bien 11/12
- bien 13/14
- très bien 15/16
- excellent 17 et plus

Il est possible de répartir la note maximum théorique (20) entre deux grandes données, à savoir le fond du travail et sa forme ; et ainsi décider d'affecter :

- 14 points au fond ;
- 6 points à la forme.

En ce qui concerne l'appréciation du travail sur le fond pour lequel la note maximum est de 14, on pourrait retenir que :

- le savoir pur et les connaissances seraient jugés sur 6 points ;
- la maîtrise du sujet montrant la parfaite assimilation des connaissances (présentation critique, idées originales, plan bien construit) pourrait être appréciée sur 8 points.

La même démarche serait adoptée en ce qui concerne la forme. Ainsi sur un total de 6 points, on pourrait affecter :

- à la présentation (clarté, écriture) : 2 ;
- au respect de l'orthographe et de la grammaire : 4.

2 Se préparer à l'épreuve de dissertation

Vous trouverez ci-après une présentation de la méthodologie de l'épreuve de composition. Si vous souhaitez approfondir votre préparation à cette épreuve, vous pouvez vous reporter au manuel *La Dissertation aux concours administratifs* (éditions Studyrama).

1. Comprendre le sujet

La première étape pour tout candidat est de bien comprendre le sujet : de cette exacte compréhension dépendra la réussite du devoir. Prenez donc le temps de bien lire le sujet. Chaque mot, adjectif, verbe, temps de conjugaison ou signe de ponctuation a son importance. Tous ces éléments seront utiles, notamment pour délimiter le sujet.
Exemple : un sujet de composition portant sur « la pauvreté » et un autre sujet sur « la pauvreté de nos jours » n'auront pas exactement le même sens. Le premier sujet sous-entend une évolution historique, tandis que le second se contente d'une approche actuelle.
Une lecture complète et répétée du sujet vous conduira à en comprendre le sens exact et, donc, à ne pas risquer de traiter une partie seulement du sujet ou de rédiger un devoir hors sujet.
Exemple : le sujet « Comment expliquez-vous la popularité actuelle de certains sports de haut niveau ? Quelles réflexions vous inspirent ce phénomène ? » ne concerne que la popularité actuelle des sportifs de haut niveau. Un devoir qui traiterait du sport de haut niveau, de la compétition, de l'argent dans le sport, des blessures des sportifs, etc., sans les relier à la question centrale de la popularité des sports de haut niveau, serait un devoir hors sujet.

2. Définir la problématique du sujet

On attend d'un candidat qu'il réfléchisse au problème posé dans le sujet. En aucun cas il ne s'agit d'un devoir où le candidat récite ses connaissances sur un sujet donné. Dans une composition, vous devez être à même de saisir les enjeux et implications du sujet. Lorsque le sujet pose une question, il est plus facile de cerner sa problématique (= « le problème posé par le sujet »).
Exemple : le sujet « Les jeux vidéo, loisir ou fléau ? » demande clairement au candidat de réfléchir à la nature des jeux vidéo et à leurs conséquences chez ceux qui les pratiquent.

En aucun cas le candidat s'exercera à une description exhaustive des jeux vidéo qu'il connaît, mais simplement, il devra se livrer à une réflexion à leur propos.
Le libellé du sujet peut également poser clairement sa propre problématique.
Exemple : « L'automobile : facteur de progrès et cause de nuisances. ».

Dans l'hypothèse, plutôt rare, où le libellé du sujet ne définit pas explicitement la problématique, il vous appartiendra de la cerner par vous-même. Le plus simple est de réfléchir aux implications du sujet et de vous demander quelles sont les questions les plus importantes liées au sujet (positif ou négatif, progrès ou recul, etc.).

3. Réfléchir aux idées

Une fois que le sujet est bien compris et que sa problématique vous apparaît clairement, il vous faut réfléchir aux idées que vous allez inclure dans votre devoir. Ces idées proviendront à la fois de votre réflexion personnelle autour du sujet, de faits d'actualité, de vos connaissances et de votre expérience personnelle.
Le plus simple, dans un premier temps, est d'inscrire au brouillon les idées telles qu'elles vous viennent à l'esprit. Dressez une liste de ces idées, que vous ordonnerez ensuite afin d'organiser votre développement en deux parties distinctes. Lorsque vous réfléchissez aux idées, remettez-les toujours en rapport avec la problématique du sujet : vous éviterez ainsi un risque de hors sujet et il sera plus facile pour vous d'organiser votre devoir.
Exemple : dans le cas du sujet « La conduite au volant : une démarche de liberté individuelle ou la stricte observation des règlements ? », faites deux colonnes. Dans une colonne « Démarche de liberté individuelle », listez toutes les idées en rapport avec cette notion. Faites de même pour la notion de « Stricte observation des règlements ».

4. Bâtir un plan

Le plus simple est de suivre l'architecture suivante : une introduction, un développement en deux parties distinctes et une conclusion. Sauf si vous manifestez des dispositions particulières et reconnues en la matière, nous vous déconseillons les plans en trois parties.
Préférez toujours les plans simples. Le plan peut être suggéré par le libellé du sujet.
Exemple : le sujet « L'automobile : facteur de progrès et cause de nuisances » suggère une partie portant sur l'automobile comme facteur de progrès et une autre partie relative à l'automobile perçue comme cause de nuisances.

Pour les autres sujets, choisissez des articulations simples : Pour/Contre, Avantages/Inconvénients, Problème/Solution, Causes/Conséquences, Oui/Non, etc.
Exemple : pour le sujet « Peut-on dire qu'en ce début de XXIe siècle la vie moderne favorise les contacts entre les hommes ? », la première partie peut être consacrée au développement de l'idée selon laquelle la vie moderne favorise peu la vie entre les hommes. La seconde partie traitera du fait que la vie moderne peut favoriser les contacts entre les hommes.
Exemple : pour le sujet « Les émissions télévisuelles de divertissement s'orientent vers un genre nouveau : la téléréalité. Que vous inspire son développement ? », une partie sera consacrée aux aspects positifs de la téléréalité et une autre à ses aspects négatifs.
Dans l'articulation des deux parties, essayez de finir votre devoir sur une note positive. Donc les aspects positifs seront toujours abordés dans la seconde partie du développement.
Exemple : dans le sujet « L'automobile : facteur de progrès et cause de nuisances », la seconde partie du développement portera sur l'automobile en tant que facteur de progrès.
Une fois le plan arrêté, faites un tableau au brouillon en dressant deux colonnes qui seront chacune des deux parties du plan. Inscrivez dans chaque colonne les idées que vous allez développer ces parties. Pour organiser les idées entre elles, tenez compte de la clarté de votre raisonnement, de la logique du sujet ou de sa chronologie. Cette organisation du développement est importante, car vous serez noté en fonction de la clarté de votre raisonnement et de votre capacité à argumenter.

5. Rédiger l'introduction

Contrairement au développement, il est utile de rédiger votre introduction au brouillon. C'est elle qui va donner une première impression au correcteur quant à votre devoir.
La première phrase de l'introduction amènera le sujet. Vous pouvez amener le sujet au moyen, par exemple, d'un fait, d'un événement de l'actualité ou d'une citation.
Ensuite, vous devrez problématiser le sujet. En quelques phrases, vous démontrerez quel est l'intérêt du sujet, quelles sont ses implications et quels aspects contradictoires il peut présenter.
Enfin, vous annoncerez votre plan.

6. Rédiger le développement

Lors de la rédaction du devoir, utilisez le plan détaillé sous forme de tableau que vous avez établi précédemment. S'il est convenablement établi, la rédaction des deux parties du développement sera relativement aisée.

Pour ne pas rester trop théorique, veillez à appuyer chaque idée par un ou plusieurs exemples concrets.
Lorsque vous évoquez des faits précis, essayez de les rattacher à une idée générale afin d'établir une argumentation claire et solide.
À la fin de chaque partie, faites une synthèse de votre développement.
Partez toujours des idées pour aller aux exemples ou aux faits.
Dans votre argumentation, restez toujours nuancé, même s'il vous appartient de défendre vos arguments et positions. Dans le même ordre d'idée, tenez-vous à l'écart des opinions polémiques.
Lors de la rédaction proprement dite, faites un nouveau paragraphe chaque fois que vous passez à une idée nouvelle. Soignez les transitions entre les différentes idées et parties du développement.
Ne rédigez pas des phrases trop longues. De même, sautez des lignes entre les deux différentes parties du devoir (introduction, les deux parties du développement et la conclusion).
Il est inutile de faire apparaître formellement le plan (I/II) dans votre devoir.

7. Rédiger la conclusion

La conclusion sera généralement assez courte. Elle comportera une synthèse en quelques phrases des deux parties du développement. Ces quelques phrases doivent constituer votre réponse à la question posée par le sujet. Puis, il est souhaitable de faire une ouverture en reprenant le problème posé par le sujet en l'incluant dans une perspective plus large.

8. Gérer le temps de l'épreuve (concours d'officier de police)

La gestion du temps est un aspect essentiel de la réussite de l'épreuve. Elle dure 4 heures et les brouillons ne sont pas corrigés. Donc vous devez vous exercer au préalable en respectant les conditions du concours.
Nous pouvons vous indiquer le découpage suivant :
- lecture et compréhension du sujet : 10 minutes ;
- définition de la problématique : 20 minutes ;
- construction du plan détaillé : 1 heure 10 minutes ;
- rédaction de l'introduction au brouillon : 10 minutes ;
- rédaction du devoir sur la copie du concours : 2 heures ;
- relecture : 10 minutes.

9. Gérer le temps de l'épreuve (concours de commissaire de police)

Nous pouvons vous indiquer le découpage suivant :
- lecture et compréhension du sujet : 10 minutes ;
- définition de la problématique : 20 minutes ;
- construction du plan détaillé : 1 heure 30 minutes ;
- rédaction de l'introduction au brouillon : 15 minutes ;
- rédaction du devoir sur la copie du concours : 2 heures 30 ;
- relecture : 15 minutes.

Naturellement, ce planning n'est qu'indicatif. Toutefois, nous vous recommandons fortement de toujours garder du temps avant la fin de l'épreuve afin de vous relire. De même, il est inutile de rédiger tout votre devoir au brouillon : vous perdriez trop de temps. Ne rédigez au brouillon que l'introduction et, éventuellement, la conclusion.

10. Améliorer sa maîtrise de la langue française

Pour enrichir votre vocabulaire, le meilleur conseil à vous donner est de lire régulièrement et de rechercher systématiquement dans le dictionnaire le sens des mots que vous ne connaissez pas. Dans vos lectures, privilégiez les auteurs classiques (Flaubert, Stendhal, Balzac, Hugo, etc.) ou les auteurs contemporains dont la qualité du style est indéniable (Déon, Morand, Blondin, Nimier...). Vous pouvez également tenir un carnet dans lequel vous inscrirez, au jour le jour, les mots nouveaux que vous apprenez.

Afin de vous évaluer en orthographe, nous vous suggérons de vous faire dicter un texte d'une trentaine de lignes venant, par exemple, d'un livre ou d'un article de journal. Ensuite, vous comparerez votre copie avec le texte original. Si votre copie comporte plus de dix fautes, il est essentiel pour vous de faire des progrès en orthographe.

Pour vous entraîner en orthographe, le plus simple est de faire régulièrement des dictées, ou bien encore de s'exercer grâce à un manuel scolaire reprenant à la fois des dictées et des règles de grammaire et d'orthographe.

Lorsque vous constatez que vous faites une faute d'orthographe ou de grammaire, apprenez systématiquement la règle correspondante. Idéalement, notez sur un carnet les principales règles pour lesquelles vous faites des fautes.

Enfin, n'oubliez pas que lire régulièrement permet de « photographier » l'orthographe des mots.

11. Présenter sa copie

Rien n'est plus désagréable pour un correcteur que d'avoir affaire à une copie illisible. Faites donc des efforts de présentation :

- écrivez à l'encre bleue ou noire, à l'exclusion de toute autre couleur ;
- pas de rature ;
- sautez des lignes entre les différents paragraphes et parties de votre devoir (une présentation aérée de votre devoir est toujours plus agréable) ;
- adoptez une écriture lisible, sans pattes de mouche ;
- faites attention aux ruptures d'anonymat (copie signée, utilisation de plusieurs couleurs, signes distinctifs, etc.).

3 Entraînement

1. Sujet inédit n° 1

Sujet

Une guerre peut-elle être légitime ?

Analyse du sujet

Le sujet ne présente pas de difficulté particulière d'interprétation. Ce sujet de réflexion nécessite avant tout une bonne culture générale et une réelle capacité de réflexion et d'argumentation.

La notion de guerre légitime est ancienne : dès le XIIIe siècle, saint Thomas d'Aquin formalisait le concept. Il posait alors trois conditions : la guerre doit être décidée par une autorité légitime, la cause défendue doit être juste et les intentions des guerriers doivent être nobles.

Les Nations unies ont reconnu la légitimité de l'intervention armée, à condition que la paix soit initialement violée et que le Conseil de sécurité donne son aval. Le droit de la paix peut donner lieu, en pratique, à un droit à la guerre.

La question est donc celle de la légitimation de la guerre. Outre des rappels historiques, il faudra tenir compte du contexte actuel : la médiatisation mondiale des conflits, les acteurs (guerres asymétriques, de libération, de terrorisme et de contre-terrorisme, d'oppression religieuse ou ethnique), la place de l'opinion publique et de sa manipulation.

Plan détaillé

Introduction

- Bilan du XXe siècle : deux guerres mondiales, bilan épouvantablement sanglant du communisme, drame concentrationnaire, persistance de conflits régionaux. Espoirs en partie déçus de la Libération et de la création de l'ONU.
- Implication de la France dans les conflits à l'étranger (Afghanistan, Libye, Mali, etc.).
- Distinction légalité/légitimité dans le cadre de la problématique de la guerre.

I. La guerre est toujours tragique et injuste

Une trentaine de guerres sont en cours à l'heure actuelle.

A. Persistance des conflits armés

- Peu, ou pas de conflits, entre États. Les conflits actuels sont tragiques : guerres civiles, ethniques, confessionnelles, etc.
- Enjeux des conflits actuels : conservation ou expansion territoriale, idéologie, religions, conquête des ressources économiques et énergétiques, etc.
- Dans tous les cas, conséquences pour les populations civiles : désastres humains et sanitaires, paupérisation durable et accrue, fin des perspectives de développement économique et social.

B. Les causes et les moyens des guerres

- Les causes des guerres ne sont plus seulement politiques, la religion joue désormais le même rôle moteur que l'idéologie au cours de la première moitié du XXe siècle.
- Les systèmes d'arme modernes permettent des dommages massifs et à de grandes distances.
- Présence massive du terrorisme comme forme de guerre à part entière et à fort potentiel médiatique.
- L'enjeu médiatique, notamment le cyberespace, est un espace à part entière de conflit, tout en légitimant la violence et en embrigadant les plus jeunes (exemple du djihadisme).

II. Sous certaines conditions, une intervention armée peut être légitime

Le recours à la force armée peut parfois être considéré comme légitime ou même inévitable.

A. Les conditions possibles

- Développement du droit international depuis la fin de la Seconde Guerre mondiale. Position de la Charte de l'ONU et du Conseil de sécurité.
- Difficulté à s'opposer aux grandes puissances (Crimée, Palestine, intervention américaine en Irak, etc.).
- Notion de devoir d'ingérence et d'intervention humanitaire (première illustration : guerre du Biafra). Possibilité, dans ce cas, de s'affranchir de la souveraineté des États.

B. La légitimation

- Les coalitions internationales sont des formes d'intervention pouvant légitimer une intervention armée. De plus, le mandat impératif est de rétablir l'ordre et de venir en aide aux populations civiles.
- L'action doit donc être limitée au but poursuivi. Il ne faut pas oublier que l'intervention aura nécessairement des conséquences dommageables sur les plans humain, économique et matériel.

- Par conséquent, les populations civiles doivent être impérativement préservées (logique humanitaire qui doit prévaloir) et un retour à une situation préalable de paix doit être recherché.
- Effort de reconstruction et de sortie apaisée de conflit.

Conclusion

- Le droit international trouve sa légitimité dans le règlement pacifique des conflits.
- Nécessité d'une vigilance de la communauté internationale, qui est contingente de la fin d'un monde unipolaire (*pax americana*).

2. Sujet inédit n° 2

Sujet

La population doit-elle se reconnaître dans les représentants de l'État ?

Analyse du sujet

Ce sujet renvoie à des débats très contemporains sur le communautarisme et les minorités s'estimant sous-représentées. Ce débat concerne l'ensemble des pays occidentaux, et notamment la France.

Lorsque le sujet évoque « la population », celle-ci doit être entendue comme l'ensemble de ce qu'il est communément admis de qualifier de « minorités visibles ». Ces dernières sont essentiellement les minorités sociales, religieuses et ethniques, par opposition à un supposé modèle dominant incarné principalement par les habitants de souche européenne.

Le terme « doit-elle » renvoie à l'idée sous-jacente que ce phénomène est peut-être nécessaire, que cela vaudrait peut-être mieux.

Le terme « représentants de l'État » regroupe les hauts fonctionnaires, dont peuvent faire partie, dans une acception quelque peu étendue, les cadres de la police nationale. Il ne faut pas commettre l'erreur de considérer que les représentants de l'État sont les élus de la nation : il s'agit de deux termes bien distincts, même si ce débat concerne aussi les élus.

Bien évidemment, ce sujet est délicat à envisager. Il convient de ne pas tomber dans deux pièges majeurs : l'angélisme (dont le politiquement correct est l'un des avatars) et la polémique (dont l'anathème est le moyen d'expression privilégié).

Il s'agit donc de prendre une position personnelle, nuancée et argumentée sur le sujet proposé. Il n'existe pas de bonne ou de mauvaise opinion : le débat est ouvert. C'est à vous de vous exprimer selon vos idées et vos valeurs personnelles.

Plan détaillé

Introduction

- Actualité du débat : suite à l'émergence médiatique et démographique de certaines minorités (religieuses, sociales, sexuelles, ethniques, etc.), la question de leur représentation se pose de plus en plus dans l'espace public.
- Le débat porte sur leur représentation médiatique (en particulier à la télévision) et politique (dans les instances élues), ainsi que parmi les représentants de l'État.

I. La représentation communautariste : un débat contemporain

Ce débat prend une vigueur chaque jour plus importante. Il convient que chacun se prononce, notamment face aux dangers sous-jacents.

A. L'émergence de ce débat

- Émergence du débat dans les sociétés occidentales depuis une trentaine d'années, et montée en puissance depuis une dizaine d'années.
- Contexte général, notamment en France, favorisant ce type de débat : culpabilisation autour de la question du passé colonial et révisionnisme historique afférent, changements démographiques, prise du pouvoir médiatique par des opposants au modèle traditionnel de gestion du pouvoir politique et administratif, etc.
- Le débat concerne toutes les sphères du pouvoir : les médias, la représentation électorale et les élites administratives. Exemple de Sciences Po favorisant la discrimination positive afin de renouveler les supposées élites françaises.

B. Le risque de repli communautaire

- Outre la volonté politique implicite de certains acteurs de ce débat, il convient aussi de prêter attention au risque de repli communautaire.
- Un préfet musulman n'est pas un préfet pour les musulmans, mais un préfet servant le bien commun. On ne peut juger des qualités uniquement au regard de critères d'appartenance à telle ou telle communauté ou minorité.
- Ce débat est souvent mis en avant afin de favoriser le gain d'une parcelle de pouvoir en faveur d'une communauté ou minorité bien précise. Cela illustre à la fois un repli communautaire et un éloignement des valeurs du pacte républicain.

II. Le pacte républicain et la libre circulation des élites

A. Le nécessaire pacte républicain

- La légitimité des représentants de l'État tient à la fois à un recrutement neutre et égalitaire (principe de tout concours administratif), au respect d'une éthique et à un sens réel du service public.
- Favoriser un recrutement et une promotion professionnelle au regard de critères propres à un individu (son appartenance à telle ou telle minorité confessionnelle ou ethnique, par exemple) est une grave remise en cause de ce pacte républicain.

B. L'indispensable libre circulation des élites

- Rappel du principe de la sociologie de Pareto : une société équilibrée et avec de larges perspectives d'avenir repose sur la libre circulation des élites. Dans le cas contraire, le chaos s'installera (exemple de la Révolution française).

- Cette libre circulation des élites repose sur la possibilité, indépendamment de l'origine (dans toutes les acceptions de ce terme), pour un individu méritant et capable (moralement et intellectuellement), d'accéder aux plus hautes fonctions de l'État et d'y servir loyalement l'intérêt général.

Conclusion

- Nécessité de refonder le pacte républicain, en raison notamment de la réalité du rempli communautariste, qui concerne un nombre croissant d'habitants de la France.
- Nécessité également de valoriser les quartiers sensibles, loin de toute démagogie et des errements passés de la politique de la ville.

3. Sujet inédit n° 3

Sujet

Où est le pouvoir ?

Analyse du sujet

Ce sujet implique une réflexion sur la carte du partage et les enjeux du pouvoir dans les sociétés occidentales contemporaines.
Le pouvoir est ici défini dans une acception large : il a la souveraineté, c'est-à-dire la capacité de fixer des règles pour une population donnée sur un territoire donné. Mais le pouvoir est aussi entendu comme la faculté d'influencer à la fois les décisions de la puissance publique, ainsi que les représentations collectives et les opinions d'une population donnée.
Le simple fait de poser la question de l'endroit où se trouve le pouvoir traduit à l'évidence la dilution de l'autorité régalienne au profit d'autres puissances. Ces puissances sont principalement les puissances d'argent et les médias.
Ces dernières servent des intérêts particuliers – idéologiques ou financiers – fort éloignés du bien commun (I), c'est pourquoi le délitement de l'autorité de l'État doit être reconnu afin de prendre conscience de la nécessité de sa restauration (II).

Plan détaillé

Introduction

- Actualité du débat : on a de plus en plus coutume de dire que telle ou telle multinationale, ou bien Google, ou telle chaîne de télévision est plus puissant qu'un État. Au-delà de l'anecdote et de la formule consacrée, c'est bien le délitement de l'autorité de l'État – et donc de son pouvoir effectif – qui est ici reconnu.
- La séparation en trois pouvoirs tels que définie par Montesquieu est devenue obsolète dans les pays occidentaux contemporains. Longtemps qualifiés de quatrième pouvoir, les médias tendent aujourd'hui à devenir le pouvoir principal, au moins au sens de la capacité d'influence.
- S'agissant des groupes financiers, la crise de 2008 a eu au moins pour mérite de faire apparaître aux yeux du plus grand nombre que ceux-ci sont devenus plus puissants que les États.
- La suprématie des nouvelles formes de pouvoir (I) pose la question du délitement relatif de l'État et du politique (II).

I. La suprématie des nouvelles formes de pouvoir

Bien entendu les communautés et groupes de pression incarnent aussi des formes de pouvoir, dont l'influence n'est plus à démontrer. Pour autant, ils tiennent une grande partie de leur influence des deux autres formes de pouvoir, elles-mêmes bien plus puissantes : les groupes financiers et les médias.

A. Les groupes financiers

- Le règne de l'argent dans les sociétés occidentales semble avoir trouvé ce qui pourrait être sa forme ultime : celle de la dématérialisation absolue et sans contrôle étatique. Des sommes impensables sont échangées tous les jours sur les marchés financiers, sous l'œil inquiet des États. Cette inquiétude est compréhensible puisque certains États ont été mis à genoux par la prédation financière, qui a pu aller jusqu'à faire nommer des affidés (notamment issus des banques d'affaires) à des postes clés de certains pays, sans aucune légitimation démocratique.
- Pour asseoir leur influence, les groupes financiers disposent d'un puissant instrument à leur service exclusif : la publicité. Celle-ci représente une forme d'asservissement (ou de conditionnement) mental instrumentalisé par les multinationales, afin de servir à la fois leurs intérêts matériels immédiats (la consommation) et la mutation globale vers une société globale de consommateurs indifférenciés.
- Le trafic d'influence, le pantouflage de certains hauts fonctionnaires et les emplois de complaisance au bénéfice de proches du personnel politique sont autant d'autres illustrations de cette mise sous tutelle du pouvoir politique par les puissances d'argent.

B. Les médias

- Le cas de la France témoigne parfaitement, jusqu'à la caricature à certains égards, du fait que l'action politique, pourtant vecteur d'exercice du pouvoir, est réduite à la seule forme de la communication politique. La crainte du jugement médiatique, la quête d'une publicité immédiate et la permanence de la campagne politicienne expliquent ce travers profond. Bien entendu, les politiciens sont eux-mêmes responsables de leur mutation d'hommes d'État en simples produits de consommation électoraliste. Pour autant, les médias sont aussi les initiateurs de ces déviances servant leurs intérêts matériels et idéologiques.
- De fait, jamais la collusion entre le pouvoir politique et la classe médiatique n'est apparue au grand jour. Comme dans beaucoup de mariages arrangés du siècle dernier, les intérêts sont multiples et croisés : gain d'image pour les politiciens, subventions publiques pour les médias et accord commun sur les mêmes postulats idéologiques.

II. Le délitement relatif de l'État et du politique

Historiquement, l'État s'est construit afin de servir le bien commun de la manière la plus indépendante possible. Le primat actuel des médias et des puissances d'argent rend impérieux le retour à un État servant l'intérêt général.

A. L'effacement du régalien et de l'intérêt général

- Le renforcement de la puissance des grands groupes financiers a conduit à un recul du domaine régalien. La privatisation de l'enseignement et de la santé, la diminution des effectifs des forces de sécurité et l'engorgement des tribunaux sont autant d'illustrations de l'attrition de l'État dans l'accomplissement de ses missions historiques. Devenu État-providence, confronté à des déficits chroniques et inquiet des échéances électorales, l'État ne peut plus assurer efficacement sa gouvernance.
- Cet effacement de l'État est d'autant plus grave que lui seul peut assurer et garantir l'intérêt général. Il laisse la place à la justice privée, à l'offre marchande pour les missions relevant en principe du service public et à la perte d'atouts stratégiques. Ce dernier point est capital dans une France dont certains joyaux historiques, gages d'indépendance énergétique ou plates-formes de transport, sont désormais aux mains de fonds de pension ou de pétromonarchies du Golfe. Faute de pouvoir disposer des moyens de sa puissance et de son indépendance, l'État n'offre plus la protection aux plus faibles de ses ressortissants face à l'arbitraire et au primat de valeurs étrangères à ses fondements historiques.

B. L'indispensable restauration de l'autorité de l'État

- Sans espérer un homme providentiel ou croire que l'approche de l'abîme suscitera un élan historique salvateur, il est indispensable que soit enfin restaurée l'autorité de l'État. Cette restauration est contingente de plusieurs préalables. Le sentiment d'appartenance nationale à une même histoire et à une même communauté de destin peut seul constituer le ciment d'un peuple. La souveraineté populaire, loin d'être une simple formule de constitutionnaliste, est le gage d'un pouvoir légitime et incarnant la volonté commune. Le recours à la démocratie directe, notamment sous la forme de référendums et la possibilité de référendums d'initiative populaire, est la forme privilégiée de consultation politique. Elle apparaît comme un moyen privilégié pour redonner confiance envers les décisions publiques.
- Cette restauration de l'État doit aussi se traduire par un recentrage de celui-ci sur ses missions historiques. Ne disposant pas de ressources illimitées et prenant acte de l'échec des politiques d'assistanat, il devra consacrer l'essentiel de ses moyens à l'affirmation de son autorité et à l'efficacité des services publics indispensables. La certitude de la peine, le respect dû aux représentants de l'État et la volonté d'une réelle excellence scolaire sont autant d'objectifs à atteindre pour que le pouvoir de l'État s'incarne véritablement au service du bien commun.

Conclusion

Malgré la chape de plomb du pessimisme ambiant et la tentation du fatalisme, il faut tirer le courage nécessaire des enseignements de l'histoire : à chaque époque, les hommes peuvent prendre en main leur destin et affronter les vents contraires. Si le pouvoir est aujourd'hui confisqué par des mains illégitimes, une juste révolte peut demain inverser le cours des événements.

4. Sujet inédit n° 4

Sujet

La culture est-elle une affaire d'État ?

Analyse du sujet

La compréhension du sujet est aisée. Son traitement implique une bonne capacité d'analyse et une large culture générale. La seule difficulté réside dans le fait de pouvoir faire preuve d'une originalité bienvenue.
La culture désigne l'ensemble des créations, connaissances et savoirs d'un territoire donné ou bien même d'une civilisation. En ce sens, elle est la porte d'entrée à notre histoire et à notre environnement immédiat. Elle favorise ainsi la cohésion sociale et la transmission aux générations futures.
L'État doit être entendu à la fois comme l'État central, les collectivités territoriales et le secteur parapublic. Même si un ministère de la Culture existe depuis 1959, l'acception du sujet doit être large.
Le candidat doit se demander si, d'une part, la culture est un domaine (exclusif ou non) de compétence de l'État et, d'autre part, quels peuvent être les modes d'intervention de l'État en ce qui concerne les activités culturelles. La sphère culturelle ne dégageant pas de rentabilité économique immédiate, seul l'État est en capacité de pouvoir apporter un soutien conséquent. En fonction des pays, ce soutien peut être désintéressé, ou bien au contraire servir une propagande étatique.
Bien entendu, l'État ne peut être le seul acteur de la sphère culturelle. Il conviendra dès lors de s'interroger sur les interactions avec les autres intervenants publics ou privés.
De même, le développement des nouvelles technologies de l'information et de la communication ainsi que leur généralisation tendent à diffuser la culture au plus grand nombre, sans intervention étatique et le plus souvent de manière gratuite.

Plan détaillé

Introduction

- La culture incarne l'âme des peuples, satisfait la soif de connaissance des individus et constitue la clé de compréhension des civilisations. Facteur de lien entre les générations, elle est la clé de voûte de la permanence de l'esprit, lorsque la sphère économique paraît tout dominer.

- Depuis l'Antiquité, tous les régimes ont eu une attention pour la culture. En France, les règnes de François Ier et Louis XIV ont témoigné de l'excellence de la politique culturelle de la monarchie. À la fois conservatoire des traditions et vecteur d'innovations, la politique culturelle française a accompagné toutes les formes de régime politique.
- Cette intervention de l'État en matière culturelle a pu notamment être consacrée par le préambule de la Constitution de la Ve République : « La nation garantit l'égal accès de l'enfant et de l'adulte à l'instruction, à la formation culturelle et à la culture. »
- Si, historiquement, la culture a été une affaire d'État (I), son implication tend à s'effacer au bénéfice d'autres acteurs (II).

I. La culture est historiquement une affaire d'État

A. Les finalités de l'intervention de l'État

- L'État intervient afin de favoriser la création culturelle. Il impulse et promeut l'action culturelle, ce que pourrait difficilement faire l'offre privée. Les arts, la littérature et le cinéma sont ainsi des domaines importants d'investissement de l'État. La logique poursuivie est souvent celle de la recherche du pluralisme et de la diversité.
- Les musées publics constituent une excellente illustration de la recherche de conservation et de diffusion de la culture par l'État. Écrin de la civilisation et outil de transmission aux générations à venir, ils sont un facteur puissant d'identité des peuples. La recherche de l'innovation et même de l'audace est toujours possible en la matière, comme en témoignent le centre Pompidou ou le déménagement partiel du Louvre à Lens.

B. Les modalités de l'intervention de l'État

- La politique culturelle de l'État répond très souvent au souhait de diffusion au plus grand nombre, quels que soient les lieux d'habitation et la condition sociale. Cette promotion de la culture, se rapprochant fortement de l'action éducative, apparaît comme un domaine régalien.
- C'est sous la forme d'aides publiques que l'intervention de l'État se décline dans l'immense majorité des cas. Ces aides peuvent être directes ou indirectes. Les aides directes sous la forme de subventions publiques sont les plus connues, mais elles ne représentent qu'une part minoritaire des modalités d'intervention de l'État. En effet, les aides indirectes restent les plus nombreuses. Ces dernières se déclinent sous de multiples formes : achat d'œuvres d'art ou d'architecture par l'État ou les collectivités territoriales (ainsi, obligation est faite de consacrer 1 % du financement de la construction d'un bâtiment public à l'acquisition d'œuvres d'art réalisées par des artistes vivants), fournitures de locaux ou déductions fiscales favorisant le domaine artistique.

II. L'effacement relatif de l'intervention de l'État

A. La remise en cause de l'interventionnisme étatique

- Le chiffre symbolique du 1 % du budget annuel consacré à la culture est parfois difficile à justifier en raison des déficits publics et de la persistance de la crise économique. De même, les innombrables dérives clientélistes des subventions publiques et leur rôle de propagande politique tendent eux aussi à remettre en cause l'intervention de l'État dans la sphère culturelle.
- De même, au niveau central, le rôle de l'État s'efface progressivement au bénéfice des collectivités territoriales, qui font de l'offre culturelle l'un des leviers du développement de certaines villes ou de certains territoires.
- Le recours au mécénat pour l'entretien des musées ou l'acquisition d'œuvres d'art témoigne à la fois du manque de moyens financiers du secteur public et de l'intervention grandissante du secteur privé dans le domaine culturel.
- Le délitement de l'intérêt pour la culture et la mutation de la société française vers un conglomérat de communautés éparses ignorantes ou hostiles à l'identité française illustre aussi la diminution des attentes culturelles. La télévision est devenue un simple vecteur publicitaire où l'abrutissement des masses est le préalable à leur conditionnement économique et idéologique.

B. La culture est devenue l'affaire de tous

- Les innovations technologiques, notamment Internet et le numérique, ont bouleversé l'offre culturelle. Celle-ci est devenue librement et très facilement accessible. La numérisation des livres, des œuvres d'art (sous forme de représentations graphiques), de la musique et du cinéma les rend nomades, libres et gratuites. Cette démocratisation du patrimoine culturel s'est réalisée sans intervention étatique.
- De même, les citoyens n'aspirent plus à une culture imposée par le secteur public, mais à une culture partagée, au plus proche de chez eux et de leurs préoccupations. Cette logique de proximité implique que la liberté de création culturelle est devenue très large, que le financement est désormais participatif et que la diffusion est rendue aisée par les nouvelles technologies de l'information et de la communication.

Conclusion

La culture n'est ainsi plus vraiment une affaire d'État. Elle devient un bienfait libre et universel. Les nouvelles technologies ont brisé une certaine forme de carcan idéologique et financier. La culture peut désormais plus facilement se diffuser et prendre des formes plus innovantes.

PARTIE II

Cas pratique

4 heures

Coefficient 3 (concours d'officier de police)

ou

Coefficient 4 (concours de commissaire de police)

1 Présentation de l'épreuve de cas pratique

Pour les concours externe et interne d'officier de police et de commissaire de police, l'épreuve consiste, à partir d'un dossier documentaire à caractère administratif, en la résolution d'un cas pratique visant à dégager des propositions et solutions argumentées. Le dossier peut comporter des graphiques ainsi que des données chiffrées. Il ne peut excéder 30 pages. L'épreuve dure 4 heures et est affectée d'un coefficient 3 (concours d'officier de police) ou 4 (concours de commissaire de police).

2 Méthodologie de l'épreuve de cas pratique

1. La finalité de l'épreuve

La finalité de cette épreuve est d'obtenir une solution opérationnelle répondant à une situation professionnelle précise. L'aspect professionnel de cette épreuve est donc renforcé. Il s'agit de se rapprocher de la nature réelle du travail d'un cadre de la police nationale et de prendre en compte ses évolutions.

Compte tenu de ce caractère concret, l'épreuve de cas pratique implique chez les candidats des capacités de compréhension, d'analyse et de prise de décision. En effet, il ne s'agit pas véritablement de vérifier leurs connaissances puisque les éléments utiles d'information sont en principe contenus dans le dossier. Le jury s'attache ainsi à rechercher chez les candidats leur capacité à comprendre un problème concret et à fournir une réponse appropriée. Cette réponse doit notamment être présentée de manière intelligible et complète. L'esprit d'initiative, la clarté et la cohérence des propositions sont les principales qualités d'un bon devoir.

2. Le dossier remis aux candidats

Le dossier remis aux candidats ne pourra excéder une trentaine de pages. Il est généralement composé de documents concrets : rapports et procès-verbaux, textes de loi, circulaires, notes d'application... Le nombre de documents du dossier est généralement compris entre 6 et 10. De manière générale, les documents sont des textes sont à vocation informative ou technique. En toute hypothèse, les textes soumis aux candidats ne poseront aucune difficulté quant à leur compréhension. Par ailleurs, certains documents peuvent être des tableaux, des statistiques, des dessins... Certains d'entre eux pourront d'ailleurs constituer des pièces jointes au rapport que le candidat va rédiger.

3. Les éléments d'appréciation d'une copie de concours

Il n'existe pas de barème quant à l'épreuve de cas pratique. En revanche, il est possible de définir un certain nombre d'éléments d'appréciation vis-à-vis du fond et de la forme d'une copie de concours.

Fond	Forme
Compréhension du sujet à traiter Analyse de la situation exposée Cohérence et logique du raisonnement Qualité et pertinence des informations transmises Pertinence et efficacité des décisions proposées Intérêt des pièces annexes produites à l'appui du rapport (variable en fonction du sujet)	Présentation visuelle (plan, parties, intitulés…)

3 Se préparer à l'épreuve de cas pratique

Vous trouverez ci-après une présentation de la méthodologie de l'épreuve de cas pratique. Si vous souhaitez approfondir votre préparation à cette épreuve, vous pouvez vous reporter aux manuels *La Note administrative en 8 étapes* et *Note et cas pratique* (éditions Studyrama).

1. Les étapes du devoir

Schématiquement, il est possible de dissocier six étapes dans l'élaboration du devoir :
- lecture et compréhension du sujet ;
- définition de la problématique et mise en place des idées ;
- construction du plan détaillé ;
- rédaction de l'introduction au brouillon ;
- rédaction du devoir sur la copie du concours ;
- relecture.

2. La lecture et la compréhension du sujet

Première étape du devoir, la compréhension du sujet est essentielle. Si vous comprenez convenablement le dossier, vous ne risquez pas de faire un devoir hors sujet ou bien un devoir incomplet. C'est pour cela qu'il vous faut prendre le temps de bien lire le sujet du concours.

Compte tenu du caractère concret et professionnel de l'épreuve de cas pratique, certains éléments du sujet présentent une importance particulière :
- l'objet du rapport à rédiger (quel travail vous demande-t-on ?) ;
- votre mise en situation éventuelle : en fonction du libellé du sujet, vous pouvez être amené à occuper telle ou telle responsabilité de cadre de la police nationale. Cette indication doit permettre de définir la tonalité de la note (instruction, proposition, conseil...) et de trouver quelques éléments éventuels de formalisme (destinataire, intitulé du service...) ;
- l'indication éventuelle du plan : bien souvent, le libellé du sujet indique de manière claire le plan de la note (exemple : « Après avoir analysé la situation actuelle, vous fournirez quelques éléments de proposition... ») ;
- la longueur requise de la note : elle est généralement indiquée. Dans le cas contraire, on peut considérer que quatre à six pages constituent une longueur satisfaisante.

3. Le survol rapide du dossier

La liste des différents éléments du dossier permet d'en cerner le contenu général : textes de loi, documents techniques, tableaux de statistiques, articles de journaux...
En lisant en diagonale les documents du dossier, vous pourrez vous imprégner du dossier et commencer à distinguer la problématique de votre note. Pour cela, prenez les documents dans l'ordre, ne lisez que ce qui apparaît à première vue de manière distincte (les titres, ce qui est souligné en gras, les résumés, les conclusions...). Lors de cette lecture, tâchez de faire le lien avec le sujet afin de commencer à préparer votre rapport dans votre esprit.
De même, lors de ce survol rapide, vous pourrez distinguer entre les documents ceux qui présentent le plus d'importance et ceux en ont moins.

4. La lecture complète du dossier

En ayant préalablement identifié les documents les plus importants du dossier, vous pourrez gagner du temps lors de la lecture complète du dossier. Attardez-vous sur les documents les plus importants et passez rapidement sur ceux qui le sont moins. N'hésitez pas à barrer les documents, parties ou paragraphes qui n'ont aucun lien avec le sujet ou qui sont redondants.
Votre manière de lire devra s'adapter aux différents types de documents pouvant figurer dans le dossier.

Type de document	Type de lecture préconisé
Documents techniques	Veiller à l'aspect obligatoire de telle ou telle norme Toujours relier le document technique à la problématique définie dans le sujet Surligner les parties les plus importantes pour les reprendre ensuite dans votre rapport
Documents juridiques	Bien vérifier les dates et ne pas perdre de temps sur des dispositions devenues obsolètes Faire attention à la hiérarchie des normes juridiques (exemples : le décret est supérieur à la circulaire, le décret est inférieur à la loi...)

Cas pratique

Type de document	Type de lecture préconisé
Statistiques et chiffres	Faire attention à l'intitulé des tableaux et documents Saisir l'idée générale du document (évolution importante, baisse, augmentation, éparpillement...) et la relier à une idée importante venant d'un autre document
Rapports officiels	Être conscient que le rapport n'exprime que l'avis de son auteur Être attentif à la conclusion et aux propositions faites

Votre lecture peut s'accompagner d'un surlignage éventuel des documents, mais, en toute hypothèse, une prise de notes reste indispensable pour organiser vos idées et votre devoir.
Pour une prise de notes efficace, nous vous indiquons les recommandations suivantes :

- ne notez que les éléments importants des documents, sans chercher à résumer le document dans son ensemble ;
- utilisez le style télégraphique afin de gagner du temps ;
- ne perdez pas non plus de temps en notant plusieurs fois la même idée. De même, ne recopiez pas des passages entiers du texte : faites une mention manuscrite en marge ;
- au fur et à mesure de votre prise de notes, essayez d'établir des liens entre les idées et informations issues des différents documents ;
- portez une attention particulière aux introductions et conclusions des documents ;
- en toute hypothèse, limitez votre prise de notes : quatre pages de notes constituent réellement un maximum.

L'articulation entre les différents documents du dossier peut être multiple. Ainsi, les documents du dossier peuvent :

- se compléter : l'idée essentielle d'un document peut se poursuivre dans un autre document ;
- se confirmer : l'idée essentielle d'un document figure également dans un autre document ;
- s'opposer : les idées de plusieurs documents peuvent se contredire, en tout ou partie.

5. L'élaboration du plan

Sur le plan formel, on peut distinguer trois parties dans le rapport.

Parties	Contenu
Introduction	Présentation du sujet traité Problématique (thème du rapport) Annonce du plan
Développement	Première partie (avec sous-parties éventuelles) Deuxième partie (avec sous-parties éventuelles) Troisième partie éventuelle
Conclusion	La conclusion reste éventuelle Rappel des idées essentielles et des propositions éventuelles

Schématiquement, le devoir doit comporter deux ou trois parties, éventuellement accompagnées de pièces annexes. Le libellé du sujet, en vous indiquant les points à traiter (exemple : « Après avoir analysé les difficultés suscitées par la situation actuelle, vous proposerez des améliorations possibles »), vous suggérera le plan à adopter. En reprenant les points à traiter, définissez ainsi vos différentes parties. Puis, utilisez les éléments pris en note et ceux que vous avez gardés à l'esprit afin de compléter les parties en répondant aux demandes figurant dans le libellé du sujet.

Préférez les plans simples et clairs :

- le plan doit répondre à la « commande » passée dans le sujet ;
- préférez les plans simples et concrets : causes/conséquences, problèmes/solutions, analyse/propositions, avant/maintenant/perspectives... ;
- les intitulés des parties et sous-parties doivent être courts ;
- le plan doit être structuré de manière logique.

Gardez bien à l'esprit la finalité professionnelle de l'épreuve de rédaction de note ou de rapport : votre copie doit répondre de manière précise et concrète à une problématique donnée. Au cours de l'élaboration du plan, portez une attention particulière à la rédaction des titres des parties et sous-parties : ils doivent être courts, précis et reliés de manière logique.

Dans la présentation du dossier, sautez des lignes pour aérer votre devoir et faciliter sa lecture. De même, veillez à écrire lisiblement et n'oubliez pas que les brouillons ne seront jamais corrigés.

6. La rédaction du devoir

- Ne rédigez au brouillon que l'introduction et éventuellement la conclusion, mais en aucun cas tout votre devoir car vous perdriez trop de temps.
- Si votre travail préparatoire de lecture du dossier, de prise de notes et d'élaboration du plan a été convenablement effectué, la rédaction du devoir ne doit pas vous poser de difficultés particulières.
- Vous suivrez le plan, qui guidera votre pensée.
- Les notes prises éviteront d'avoir à consulter le dossier, à l'exception des renvois éventuels.
- Ne conservez que les éléments réellement importants.
- Il est inutile de citer tous les documents.
- Faites des transitions entre les parties différentes et des phrases introductives (« chapeaux ») au début de chaque partie.
- La dernière partie est souvent celle qui contient des propositions. Elle ne doit donc pas être négligée, même si le temps semble manquer.

7. La rédaction de l'introduction

L'introduction est une étape essentielle du devoir dans la mesure où elle doit susciter immédiatement l'intérêt du lecteur et lui faire comprendre quelle est la problématique qui sera traitée. L'introduction sera nécessairement brève, précise et ne commencera pas à traiter le fond du dossier.

L'introduction comprend plusieurs éléments essentiels :

- situer le sujet dans son contexte (la « commande » passée dans le sujet du devoir) ;
- quels sont les enjeux du sujet et les faits qui ont motivé le rapport ;
- la définition de la problématique du rapport ;
- l'annonce claire du plan (en évitant les lourdeurs de style telles que « dans une première partie, nous verrons que... », préférez un mode neutre : « Le présent rapport développera..., puis exposera... »).

8. La rédaction du développement

Le développement est le « cœur » de votre rapport : vous y exposerez vos analyses et vos propositions. Il existe quelques règles simples à respecter afin d'argumenter de manière claire et précise :

- les phrases doivent être courtes (dans la partie suivante « comment améliorer son style », nous vous indiquons quelques conseils utiles sur le style à adopter) ;

- dans votre argumentation, allez toujours du général au particulier ;
- de même, après avoir développé un argument, appuyez-le par des exemples concrets, des faits avérés, des chiffres… Le dossier doit vous fournir ces éléments, mais n'en faites pas un catalogue complet : les exemples ne sont mentionnés dans votre devoir que pour appuyer vos idées ;
- limitez votre argumentation à ce qui vous est expressément demandé dans le sujet ;
- si vous faites des propositions, ne soyez pas trop péremptoire dans vos jugements (ne dénigrez pas tel ou tel service ou personne) ;
- le conditionnel peut être employé de manière simple lorsque le rapport technique a pour but de proposer (exemple : « Le traitement de ces dossiers pourrait être envisagé de manière différente en… ») ;
- enfin, suivez fidèlement votre plan.

9. La rédaction de la conclusion

Une conclusion n'est pas obligatoire dans une épreuve de rédaction de rapport. La conclusion rappellera les idées essentielles de celui-ci. Dans le cas d'un rapport assorti de propositions, la conclusion peut également insister sur telle ou telle proposition. Mais en aucun cas la conclusion ne doit apporter d'élément nouveau.

10. La relecture

La relecture est un passage obligatoire de tout devoir. Trop de devoirs comptent des fautes d'inattention, d'orthographe ou de syntaxe. En vous relisant, vous pourrez les corriger et éviter de perdre des points à cause de cela. En revanche, au cours de la relecture, ne réécrivez pas votre rapport sur le fond, et ne surchargez pas trop votre copie de ratures ou de correcteurs liquides.

11. Le style administratif

Même si l'épreuve de note administrative à partir d'un dossier n'implique pas la recherche d'un style littéraire chez les candidats, mais plutôt celle d'un style « administratif » (c'est-à-dire neutre et précis), il est important que votre devoir soit convenablement rédigé. À cette fin, nous indiquons quelques conseils.

Cas pratique

Il est important d'avoir à l'esprit qu'un fonctionnaire est un délégataire de l'autorité publique. Lorsqu'il s'exprime à l'écrit, il doit respecter un certain nombre de règles de fond et de forme. Sa production écrite présentera en effet un caractère officiel.
Les administrations de l'État et les organismes publics ont recours à un certain type de langage professionnel, au sein duquel certaines tournures de phrases et expressions sont privilégiées. Portez donc une attention particulière au style des documents et courriers dont vous pouvez avoir connaissance dans votre cadre professionnel.

12. Les exigences rédactionnelles de base

Outre l'emploi d'un style administratif, il existe des exigences rédactionnelles de base :

- n'employez pas de termes trop spécialisés ;
- faites des phrases courtes, avec une idée par phrase ;
- limitez le nombre de subordonnés dans vos phrases ;
- chaque phrase doit apporter un élément nouveau ;
- les paragraphes doivent être équilibrés quant à leur longueur ;
- soyez objectif : aucun jugement ou avis personnel ne doit être exprimé dans votre note ;
- puisque le destinataire n'est pas supposé disposer du dossier, ne faites aucune référence aux numéros des documents dans votre note (s'ils figurent ci-après dans certains corrigés, c'est uniquement pour vous indiquer comment rédiger votre note grâce au dossier). Bien entendu, si les documents sont des textes de loi ou des documents officiels, vous pouvez les viser dans votre note, mais sans les citer en tant que document du dossier ;
- soyez neutre et allez à l'essentiel.

Les caractéristiques du style administratif

L'administration française se définit avant tout par son organisation hiérarchique. Dans votre note, puisque vous êtes mis en situation professionnelle, le respect hiérarchique doit apparaître dans le choix de votre vocabulaire :

- un subordonné fait part, rend compte, informe, propose, sollicite, suggère, recommande...
- tandis qu'un supérieur ordonne, demande de rendre compte, engage, enjoint, donne pour instruction, souhaite avoir un point ou un bilan précis...

Veillez cependant à ne pas vous montrer trop directif (autoritarisme) ou bien trop « écrasé » par la hiérarchisation des rapports de travail (manque d'initiative et d'assurance).

L'administration se définit également par sa neutralité : elle est un service public et traite chacun dans un souci d'égalité. Les fonctionnaires appliquent la loi de manière objective, sans juger les individus ou les situations. Par conséquent, à aucun moment, dans votre

note ne doivent apparaître vos idées personnelles, vos jugements de valeur ou sentiments personnels.

La spécialisation constitue un autre trait majeur de l'administration française. Compte tenu de cette spécialisation, les informations, idées et propositions avancées doivent reposer sur des éléments précis : textes de loi, chiffres, expériences significatives...

Enfin, l'exigence de spécialisation et l'autorité reconnue à la puissance publique ne sont pas exclusives d'une certaine prudence. Les écrits engagent leurs auteurs et l'administration. Par conséquent, n'hésitez à recourir à l'emploi du conditionnel si vous n'êtes pas sûr d'un fait ou d'une information.

Les fondements du style administratif

Tel qu'il existe en France, le style administratif repose sur six fondements :

- la courtoisie : même à demande ou à courrier impoli ou agressif, il convient de répondre de manière polie. En cas de conflit réel ou implicite avec un administré ou un autre fonctionnaire, plusieurs formules permettent de se montrer à la fois ferme et courtois : « il est impératif que, vous êtes dans l'obligation de, il n'est possible dans l'état actuel de, il n'est pas dans les prérogatives de mon service de, je vous invite à vous conformer, j'attire votre attention... » ;
- le respect de la voie hiérarchique : s'agissant des relations avec un administré, ce principe n'a que peu d'importance. En revanche, dans le cas des relations entre administrations, le respect de la hiérarchie s'exprime très souvent par l'emploi de la formule « sous-couvert », qui peut distinguer les supérieurs hiérarchiques du destinataire et ceux du rédacteur ;
- la responsabilité : afin d'exprimer l'engagement de la puissance publique, et lorsque le type de document rédigé l'implique (exemple : réponse à un courrier), le signataire s'exprime toujours à la première personne du singulier (« j'ai l'honneur, je porte à votre connaissance... »). Bien entendu, cela implique que l'identité du signataire et ses fonctions soient clairement indiquées (délégation éventuelle, en-tête et signature), mais faites attention au respect de l'anonymat lors des concours ;
- l'objectivité : cette exigence implique de bannir tous les termes et expressions présentant un caractère subjectif, polémique, personnel ou émotionnel ;
- la prudence : seuls des faits avérés et incontestables, ainsi que des informations vérifiables doivent être transcrits. En cas de doute, plusieurs formules peuvent être employées : « il semblerait, sous réserve, d'une manière générale, sauf exception... » ;
- la clarté : la manière dont sont exposés les arguments doit être simple et méthodique. La logique suivie a pour but de faciliter la compréhension du document. De même, sans pour autant employer de formules trop techniques ou un vocabulaire strictement réservé à des professionnels avertis, il est important d'utiliser des termes précis.

La bonne formulation

Un style neutre, précis et intelligible sera toujours à privilégier dans votre devoir. Dans le tableau, nous vous donnons quelques exemples ou indications de formulation que vous devez veiller à suivre systématiquement.

Nous avons également inclus quelques fautes de français très courantes.

À proscrire	À employer
Les anglicismes	Exemples : sponsor = mécène briefing = réunion préparatoire boycott = mise à l'index
Pléonasmes	Exemples : peut éventuellement = peut doit obligatoirement = doit prévoir d'avance = prévoir
Mail	Courrier électronique
Avoir (employé de manière trop répétitive)	Contenir, disposer, posséder, détenir, bénéficier de, conférer, présenter, offrir…
Être (employé de manière trop répétitive)	Constituer, devenir, rester, présenter, appartenir à, résider, demeurer, se distinguer par…
Par contre	En revanche
De par	Par
Dans le but de	Afin de
Baser sur	Fonder sur
Solutionner un problème	Résoudre un problème
Pallier à quelque chose	Pallier quelque chose
Contacter quelqu'un	Prendre attache/contact avec quelqu'un
Informer de ce que	Informer que
ONU, UE, CCAS, MAP, DGAC…	Expliciter toujours un sigle la première fois qu'il est employé
Note à l'intention de…	Note à l'attention de…

À proscrire	À employer
Suite à votre demande, voici les éléments...	Pour faire suite à votre demande, je vous prie de bien vouloir trouver ci-après...
Informer (en s'adressant à un supérieur)	Rendre compte Exposer Sollicite votre attention à propos Prie de bien vouloir
Vous vous trompez (en s'adressant à un supérieur)	Je ne sous-estime pas..., mais... Je crois devoir attirer votre attention sur...
Être important	Attacher du prix à
Donner une copie	Délivrer une copie
Juger une demande	Apprécier le bien-fondé d'une requête
Demander	Solliciter
Repousser une réunion	Ajourner une réunion
C'est surtout que	À titre principal
Il faut que	Il convient de
Vous devez	Il vous appartient de
Il est important que	Il importe que
Ce serait bien que	Il serait opportun que
Il faut surveiller que	Il convient de veiller à
Je vous demande de	Je vous enjoins à
Par lettre susvisée	Par lettre visée Par lettre rappelée en référence

Les formules à privilégier

- **Formules introductives (en référence à un élément précédent)** : « J'ai été saisi de, j'ai l'honneur d'accuser réception de votre lettre du, en réponse à votre demande du... »
- **Formules introductives (sans référence à un élément précédent)** : « J'ai l'honneur d'appeler votre attention/de porter à votre connaissance, dans le cadre de... »
- **Formules restrictives** : « Néanmoins, cependant, dans la mesure où, à l'exception de, à l'exclusion de, sous réserve de... »
- **Formules de conclusion** : « En conséquence, dans ces conditions, pour ces raisons... »
- **Formules de refus (dans le cas d'une demande)** : « Je suis au regret de, dans l'état actuel, il ne m'est pas possible de... »

13. Note de cadrage sur l'épreuve de cas pratique

Concours d'officier de police de la police nationale
Résolution d'un cas pratique à partir d'un dossier documentaire à caractère administratif (durée : 4 heures ; coefficient 3)
Concours externe et interne
Référence réglementaire : *arrêté du 27 janvier 2014 fixant les règles d'organisation générale, la nature et le programme des concours pour le recrutement des officiers de la police nationale.*
Intitulé de l'épreuve : 2°de l'article 2 de l'arrêté précité : *« Une épreuve consistant, à partir d'un dossier documentaire à caractère administratif, en la résolution d'un cas pratique visant à dégager des propositions et solutions argumentées. Le dossier peut comporter des graphiques ainsi que des données chiffrées. Il ne peut excéder trente pages (durée : 4 heures ; coefficient : 3). »*

La présente note de cadrage ne constitue pas un texte réglementaire dont les candidats pourraient se prévaloir, mais un document de travail interne indicatif destiné à éclairer les formateurs, le jury dans le choix des sujets, les candidats dans leur préparation et les correcteurs dans la correction de l'épreuve.
Cette épreuve est l'une des trois épreuves écrites d'admissibilité communes aux premier et second concours d'officier de police de la police nationale. D'une durée de 4 heures, elle est évaluée avec un coefficient 3. Elle fait l'objet d'une double correction.
Elle vise à évaluer notamment les capacités du candidat à :
- rassembler des idées autour d'une problématique soulevée ;
- organiser méthodiquement les informations nécessaires à la rédaction d'un document ;
- proposer et argumenter des solutions opérationnelles ;
- produire en un temps limité un document synthétique parfaitement compréhensible.

I. Caractéristiques de l'épreuve de cas pratique visant à dégager des propositions et solutions argumentées

A. Philosophie de l'épreuve

Le sujet comporte une mise en situation qui, si elle doit être exploitée pour satisfaire aux exigences formelles de présentation requises (lettre en forme personnelle, note administrative, rapport…) est essentiellement destinée à permettre au candidat une prise en compte précise des attentes d'un destinataire. Un contexte de travail est défini dans lequel le candidat doit se placer. Il est ainsi amené à jouer un rôle précis dont le but est de montrer sa capacité à se projeter en situation réelle.
Il s'agit à partir d'un dossier documentaire comportant des documents à caractère administratif de présenter, rapidement et efficacement, les problématiques essentielles d'un sujet.

S'inscrivant en outre dans un processus de prise de décision, le candidat doit proposer des solutions réellement opérationnelles adaptées au(x) problème(s) soulevé(s). Il doit être en mesure d'argumenter ses propositions.
Cette épreuve a un caractère opérationnel, pragmatique, et fait nécessairement appel au bon sens du candidat. Outre une aptitude à la synthèse destinée à présenter le contexte, le candidat est dans l'obligation de proposer des solutions qu'il doit argumenter au moyen du dossier documentaire en sa possession.
Ainsi le document produit par le candidat doit déboucher sur une aide à la décision, une proposition, un plan d'action. À la différence de la note de synthèse traditionnelle, l'épreuve requiert de la part du candidat une capacité à faire des propositions ou à définir des orientations opérationnelles.

B. Une épreuve sur dossier

Le sujet est présenté sous la forme d'une commande qui met précisément le candidat en situation, en lui donnant notamment des informations synthétiques (contexte de la commande et problématique pratique à résoudre), ainsi qu'une série de documents à caractère administratif.
La commande indique précisément la ou les questions que le candidat devra traiter et l'invite, en fonction de la situation décrite, à dégager des solutions opérationnelles. Elle est suivie d'une liste signalétique de documents, mentionnant le titre, l'auteur, la source, la date et le nombre de pages pour chacun d'eux.
Les documents fournis doivent permettre de prendre en compte l'ensemble des aspects de la problématique sur laquelle le candidat doit travailler, de dégager les éléments de sensibilité du contexte, et de réfléchir aux éléments de solution à apporter.
Si les informations peuvent être redondantes d'un document à l'autre, il n'est pas indispensable que tous soient utilisés. Il ne s'agit pas d'une note de synthèse. Le candidat doit faire preuve à la fois de capacités de synthèse et de discernement en extrayant les informations nécessaires pour répondre au mieux à la commande qui est exprimée dans l'énoncé de l'exercice.

La rédaction du document final nécessite ainsi :

- de savoir prendre connaissance d'une situation posée dans l'énoncé (le contexte), et de repérer les questions auxquelles il faut répondre ;
- de lire un dossier documentaire, d'en extraire les idées essentielles permettant de répondre au questionnement ;
- de présenter les éléments clés de manière claire et structurée, en rédigeant dans un style lisible et grammaticalement correct ;
- de savoir se projeter dans un cadre opérationnel pour proposer des solutions adaptées ;
- de savoir argumenter les choix opérationnels retenus.

II. Les exigences de forme

A. La présentation

La présentation du document sera fonction de la commande :

- une lettre personnelle ;
- une note en forme administrative ;
- un rapport ;
- une notice d'information ;
- etc.

Si la présentation du document doit être adaptée à la commande, on retrouve les mêmes constantes :

- une courte partie introductive rappelant en quelques lignes l'objet de la commande et l'annonce du plan ;
- un exposé structuré, en deux parties (ou plus), pouvant comporter deux sous-parties (ou plus). Le plan peut être matérialisé par des titres comportant des numérotations ; dans le cas particulier de la lettre en forme personnelle, si l'exposé doit répondre à une exigence de structuration, le plan ne doit pas être matérialisé ;
- une conclusion peut brièvement souligner l'essentiel sans rajouter des informations oubliées dans le développement.

Pour répondre à la commande, le candidat doit entreprendre une réflexion en deux temps :

- une analyse des éléments de contexte de la situation dans laquelle il est placé ;
- une proposition de solutions.

De ce fait, l'utilisation d'un plan en deux parties peut s'avérer la solution la plus adaptée. En fonction de la thématique, le candidat peut faire un choix différent (autant de parties que de problématiques soulevées, autant de parties que de questions posées dans la commande...). Il devra alors s'attacher à présenter dans chacune de ces parties les deux temps de l'analyse (mise en exergue des éléments de contexte et propositions) et, quel que soit le choix du nombre de parties et sous-parties, éviter les déséquilibres.

Remarque importante : si l'épreuve se veut une mise en situation où le candidat occupe une fonction, il ne doit bien évidemment pas faire apparaître son identité. Il peut en revanche indiquer comme signature sa fonction « fictive ».

B. Le plan en deux parties

Dans le cadre d'un plan en deux parties, la réponse à la commande s'organise comme suit :

- une première partie, exclusivement rédigée à l'aide des éléments du dossier, qui informe sur les problématiques essentielles du sujet (cadre juridique, contraintes techniques et financières, etc.) ;
- une deuxième partie qui propose des solutions opérationnelles.

Observation : Quel que soit le type de plan choisi, ces deux axes de réflexion doivent se retrouver.

Première partie : informer de manière fiable et structurée

Le destinataire n'est pas supposé connaître le sujet ni disposer du dossier, il ne possède que le document final pour s'informer et étayer sa réflexion, voire sa décision. Aussi, le document doit permettre au destinataire qui n'a pas lu le dossier documentaire de comprendre l'essentiel du problème posé et connaître ainsi les actions concrètes à entreprendre.

Il est exclu de restituer les informations de manière allusive ou de faire référence aux textes pour se dispenser d'en exprimer le contenu. Il est donc déconseillé de faire apparaître des références aux documents dans le développement. On considère que le dossier disparaît en tant que tel lors de la rédaction ; le candidat n'en conserve que les informations essentielles.

Il ne s'agit ni d'un résumé de textes, ni de présenter succinctement et successivement les documents du dossier mais de structurer les informations essentielles du dossier par un plan qui reflète l'importance donnée aux différents aspects de ce qu'il convient de transmettre.

Les références à des dispositions réglementaires, (articles, textes de loi, décrets, etc.) demeurent possibles.

Deuxième partie : proposer des solutions opérationnelles adaptées

L'exploitation du dossier doit permettre au candidat, en fonction de la problématique soulevée, de repérer dans ce dernier les informations qui lui permettront de proposer des solutions réellement opérationnelles et de savoir les argumenter.

Le candidat devra reprendre les informations du dossier pour dégager des solutions réalistes, adaptées au contexte, en précisant notamment les conditions et les moyens de leur réalisation (mode de gestion d'un projet, étapes d'un projet, moyens à mobiliser, contraintes...).

Le respect de la présentation fera partie du barème de correction.

En fonction des sujets retenus, une attention plus importante au respect du formalisme attendu peut être accordée pour l'évaluation de l'épreuve au second concours.

III. Le barème général de correction

A. Les exigences rédactionnelles

- Le document doit être correctement rédigé (pas de prise de notes, ni de style télégraphique).
- La maîtrise de la langue française fera l'objet d'une attention particulière, et une partie du barème de correction lui sera consacrée. L'orthographe, la syntaxe, la clarté et une présentation soignée entreront pour part dans le barème de correction.
- Le style doit être neutre, précis et sobre. Le candidat doit restituer les informations par un travail de reformulation. Il ne peut se contenter de recopier intégralement des phrases du texte.

- Le document ne devrait pas excéder 5 à 6 pages.
- Le candidat doit être pénalisé en cas de non-respect de ces éléments.

B. Les critères d'appréciation

Afin de répondre à son objet, la « copie » doit :

- constituer pour le destinataire un moyen d'information et, le cas échéant, d'aide à la décision fiable valorisant de manière objective les questions centrales du sujet ;
- proposer des solutions réellement opérationnelles adaptées au contexte et mobilisant des connaissances précises ;
- ordonner les informations autour d'un plan clair et structuré (introduction comprenant une annonce de plan, matérialisation des parties et sous-parties) ;
- se présenter de façon claire et structurée, s'appliquant à reformuler et non recopier les documents fournis, tout en faisant preuve d'une bonne maîtrise de la langue française ;
- respecter le formalisme demandé dans la mise en situation.

Ce que le devoir ne doit pas comporter, et qui devra être sanctionné :

- absence de mention sur les enjeux essentiels du sujet, ni sur les solutions opérationnelles à envisager ;
- manque de capacité de synthèse et d'organisation ;
- un devoir inachevé ;
- une mauvaise présentation, des problèmes de syntaxe et d'orthographe ;
- non-respect du formalisme demandé dans la mise en situation ;
- mention du nom/prénom du candidat dans le corps du devoir (identification de la copie = 0).

4 Entraînement

1. Sujet inédit n° 1

Sujet

Dans votre circonscription de sécurité publique de 100 000 habitants se pose un problème aigu de squats, qui se sont multipliés au cours des derniers mois. Les riverains, certains propriétaires et la municipalité sont excédés. La presse locale s'est fait le relais de ces insatisfactions et une chaîne de télévision nationale vous informe qu'elle va réaliser un reportage dans les prochaines semaines.

Les squats hébergent plusieurs types de populations :

- certains réunissent une population défavorisée, comptant des familles dont l'un des parents au moins travaille ;
- d'autres regroupent des jeunes marginaux, dont certains sont connus des services de police ;
- enfin un squat héberge des artistes qui y organisent des expositions.

Il vous est demandé de proposer un plan d'action global, intégrant l'ensemble des dimensions de l'activité de police : judiciaire, administrative et partenariale, ainsi que la communication.

DOSSIER DOCUMENTAIRE

- Document 1 : Données statistiques relatives à la délinquance.

  1. Récapitulatif sur 3 ans des données de l'ensemble des circonscriptions de sécurité publique du département d'implantation de la CSP Avert.

  Légende :
  DISTR = district.
  SD = sûreté départementale.
  DÉPART = département.
  DG = délinquance générale, à savoir la totalité des crimes et délits enregistrés.
  IRAS = infractions révélées par l'action des services, à savoir celles où l'initiative est déterminante pour accéder à l'infraction (stupéfiants, recels, ports d'arme prohibée, etc.).
  Faits élucidés = nombre, en valeur absolue, de crimes et délits qui ont donné lieu à une résolution policière.
  Taux de réussite DG = pourcentage de faits élucidés par rapport à la délinquance générale.
  Faits constatés IPS = par indicateur de pilotage des services, il s'agit des infractions communément désignées pour l'expression « délinquance de voie publique »,

considérées comme celles touchant le plus les administrés, et qui peuvent être ciblées par le dispositif d'occupation de la voie publique.

2. Les infractions relatives aux stupéfiants se répartissent en 4 catégories, schématiquement de la plus grave à la moins grave : trafic, usage-revente, consommation, autres infractions.

- Document 2 : Tableaux et différentes représentations graphiques de la répartition temporelle des crimes et délits constituant l'indicateur de pilotage des services de la CSP Avert (3 080 faits pour 3 081 mentionnés sur le feuillet 1).
- Document 3 : Courrier valant réquisition permanente, adressé par l'un des bailleurs au commissariat local.
- Document 4 : Rapport d'information établi par des agents de la police municipale d'Avert relatant la présence d'un squat.
- Document 5 : Documents de travail du commissariat d'Avert comprenant une liste de bailleurs présents dans la circonscription, l'implantation des caméras de vidéoprotection de la ville et la liste des appartements du parc locatif recensés comme étant squattés.
- Document 6 : Fiche de consignes interne à la CSP Avert.
- Document 7 : Courrier du maire d'Avert adressé à l'un des quatre bailleurs.
- Document 8 : Article de presse évoquant la problématique des squats dans une cité de Seine-Saint-Denis et présentant des témoignages d'occupants.
- Document 9 : Tableaux synthétiques listant les principales infractions (textes, nature de l'infraction, éléments constitutifs et peines encourues) susceptibles d'être relevées autour de la problématique des squats.
- Document 10 : Document de synthèse juridique et pratique sur des procédures applicables en matière d'occupation sans droit ni titre.
- Document 11 : Fiche technique sur le dispositif des correspondants sûreté au sein de la direction centrale de la sécurité publique (DCSP).
- Document 12 : Article de presse présentant un cas de squat d'artistes dans un bâtiment laissé à l'abandon.

» Document 1

	Année	AVERT																		DEPART
	2012	7 394	2 538	4 691	3 083	3 062	20 768	7 095	2 087	2 413	11 595	6 321	4 223	2 429	3 887	4 534	21 394	2 386	586	56 729
Faits constatés.	2013	6 691	2 633	4 248	3 256	3 440	20 268	6 763	2 220	2 400	11 383	5 841	4 141	2 227	3 729	4 728	20 666	2 281	699	55 297
Délinquance Générale.	2014	6 596	2 622	3 949	3 240	3 758	20 165	6 731	2 441	2 337	11 509	6 073	4 338	2 349	4 058	4 873	21 691	2 126	643	56 134
Evolution 14/13		-1,42%	-0,42%	-7,04%	-0,49%	+9,24%	-0,51%	-0,47%	+9,95%	-2,63%	+1,11%	+3,97%	+4,76%	+5,48%	+8,82%	+3,07%	+4,96%	-6,80%	-8,01%	+1,51%
OBJECTIFS - 2015		-2,00%	-1,00%	-1,50%	-1,50%	-1,50%	-1,60%	-0,50%	-2,00%	-2,00%	-1,00%	-0,60%	-2,00%	-0,70%	-1,00%	-3,00%	-1,50%	-4,00%		-1,50%
	2012	749	312	392	387	295	2 135	1 339	281	277	1 897	587	411	399	537	464	2 398	412	265	7 107
IRAS : Infractions Révéles	2013	802	253	392	321	289	2 057	1 314	292	227	1 833	613	320	383	476	426	2 218	360	333	6 801
par l'Action des Services	2014	1 022	275	293	293	433	2 316	1 300	372	222	1 894	643	382	375	557	444	2 401	279	263	7 153
Evolution 14/13		+27,43%	+8,70%	-25,26%	-8,72%	+49,83%	+12,59%	-1,07%	+27,40%	-2,20%	+3,33%	+4,89%	+19,38%	-2,09%	+17,02%	+4,23%	+8,25%	-22,50%	-21,02%	+5,18%
	2012	6 645	2 226	4 299	2 696	2 767	18 633	5 756	1 806	2 136	9 698	5 734	3 812	2 030	3 350	4 070	18 996	1 974	321	49 622
TOTAL Faits constatés	2013	5 889	2 380	3 856	2 935	3 151	18 211	5 449	1 928	2 173	9 550	5 228	3 821	1 844	3 253	4 302	18 448	1 921	366	48 496
hors IRA	2014	5 574	2 347	3 656	2 947	3 325	17 849	5 431	2 069	2 115	9 615	5 430	3 956	1 974	3 501	4 429	19 290	1 847	380	48 931
		-5,35%	-1,39%	-5,19%	+0,41%	+5,52%	-1,99%	-0,33%	+7,31%	-2,67%	+0,68%	+3,86%	+3,53%	+7,05%	+7,62%	+2,95%	+4,56%	-3,85%	+3,83%	+0,90%
	2012	2 528	942	1 243	1 217	891	6 821	2 711	789	810	4 310	2 038	1 443	971	1 360	1 513	7 325	891	657	20 004
Faits élucidés DG	2013	2 376	898	1 174	1 192	1 080	6 720	3 018	972	749	4 739	2 092	1 422	942	1 157	1 476	7 089	926	828	20 302
	2014	2 388	828	814	1 109	1 205	6 344	2 785	1 002	740	4 527	1 920	1 480	833	1 313	1 749	7 295	899	627	19 692
Evolution 14/13		+0,51%	-7,80%	-30,66%	-6,96%	+11,57%	-5,60%	-7,72%	+3,09%	-1,20%	-4,47%	-8,22%	+4,08%	-11,57%	+13,48%	+18,50%	+2,91%	-2,92%	-24,28%	-3,00%
	2012	34,19%	37,12%	26,50%	39,47%	29,10%	32,84%	38,21%	37,81%	33,57%	37,17%	32,24%	34,17%	39,98%	34,99%	33,37%	34,24%	37,34%	112,12%	35,26%
Taux de réussite DG	2013	35,51%	34,11%	27,64%	36,61%	31,40%	33,16%	44,63%	43,78%	31,21%	41,63%	35,82%	34,34%	42,30%	31,03%	31,22%	34,30%	40,60%	118,45%	36,71%
	2014	35,20%	31,58%	20,61%	34,23%	32,06%	31,46%	41,38%	41,05%	31,66%	39,33%	31,62%	34,12%	35,46%	32,36%	35,89%	33,63%	42,29%	97,51%	35,08%
	2012	3 676	1 393	2 656	1 502	1 722	10 949	3 281	978	1 318	5 577	3 337	2 166	1 164	1 779	2 156	10 602	926	54	28 100
Faits constatés. Indicateur	2013	3 247	1 509	2 145	1 714	1 918	10 533	2 939	999	1 267	5 205	2 706	1 986	1 083	1 648	2 095	9 518	808	58	26 122
de Pilotage des Services IPS	2014	3 081	1 403	2 020	1 623	1 837	9 964	2 558	1 028	1 179	4 765	2 972	2 029	1 133	1 676	2 180	9 990	799	63	25 501
Evolution 14/13		-5,11%	-7,02%	-5,83%	-5,31%	-4,22%	-5,40%	-12,96%	+2,90%	-6,95%	-8,45%	+9,83%	+2,17%	+4,62%	+1,70%	+4,06%	+4,96%	-1,11%	+8,62%	-2,38%
OBJECTIFS - 2015		-1,00%	-0,50%	-1,50%	-0,50%	-1,50%	-1,00%	-1,00%	-1,00%	-1,00%	-1,00%	+0,00%	-0,50%	-1,00%	-1,50%	-2,50%	-1,00%	-4,00%		
	2012	301	171	238	158	166	1034	239	71	123	433	292	251	115	148	182	988	75	106	2636
Faits élucidés IPS	2013	236	173	149	240	292	1090	362	109	125	596	233	233	112	117	168	863	137	160	2846
	2014	172	152	100	171	250	845	280	89	80	449	248	209	115	156	205	933	112	82	2421
Evolution 14/13		-27,12%	-12,14%	-32,89%	-28,75%	-14,38%	-22,48%	-22,65%	-18,35%	-36,00%	-24,66%	6,44%	-10,30%	2,68%	33,33%	22,02%	8,11%	-18,25%	-48,75%	-14,93%
	2012	8,19%	12,28%	8,96%	10,52%	9,64%	9,44%	7,28%	7,26%	9,33%	7,76%	8,75%	11,59%	9,88%	8,32%	8,44%	9,32%	8,10%	196,30%	9,38%
Taux de réussite IPS	2013	7,27%	11,46%	6,95%	14,00%	15,22%	10,35%	12,32%	10,91%	9,87%	11,45%	8,61%	1173,00%	10,34%	7,10%	8,02%	9,07%	16,96%	275,86%	10,90%
	2014	5,58%	10,83%	4,95%	10,54%	13,61%	3,48%	10,95%	8,66%	6,79%	9,42%	8,34%	10,30%	10,15%	9,31%	9,40%	9,34%	14,02%	130,16%	9,46%
	2012	49,72%	54,89%	56,62%	48,72%	56,24%	52,72%	46,24%	46,86%	54,62%	48,10%	52,79%	51,29%	47,92%	45,77%	57,55%	49,56%	38,81%	9,22%	49,55%
Faits constatés IPS	2013	48,53%	57,31%	50,49%	52,64%	55,76%	51,97%	43,46%	45,00%	52,79%	45,73%	46,33%	47,96%	48,63%	44,19%	44,31%	46,06%	35,42%	8,30%	47,24%
représentent x % de la DG	2014	45,71%	53,51%	51,15%	50,09%	48,88%	49,41%	30,00%	42,11%	50,45%	41,40%	48,94%	46,77%	48,23%	41,30%	44,74%	46,06%	37,58%	9,80%	45,57%
Nombre d'habitants		94 779	56 130	41 604	55 613	61 353	309 479	93 712	38 279	49 188	181 179	114 680	69 903	39 943	45 779	75 616	345 921	29 176		865 755
	2012	78,01	45,22	112,75	55,44	49,91	67,11	75,71	54,52	49,06	64	55,12	60,41	60,81	84,91	59,96	61,85	81,78		65,53
Taux pour Mille Habitants ‰	2013	70,6	46,91	102,11	58,55	56,07	65,49	72,17	58	48,79	62,83	50,93	59,24	55,75	81,46	63,53	59,74	78,18		63,87
	2014	69,59	46,71	94,92	58,26	51,25	65,16	71,83	63,77	47,51	53,52	52,96	62,06	58,81	88,64	64,44	62,71	72,87		54,94

Nombre de faits constatés hors Zone Police	2012	605	276	455	248	332	1 916	543	181	231	955	759	413	263	408	421	2 264	218	82	5 435
	2013	586	318	461	325	400	2 090	604	236	276	1 116	789	418	250	490	505	2 452	233	82	5 973
	2014	619	339	463	312	494	2 227	529	254	230	1 013	844	436	292	525	480	2 577	248	61	6 126
Evolution 14/13		+5,63%	+6,60%	+0,43%	-4,00%	+23,50%	+6,56%	-12,42%	+7,63%	-16,67%	-9,23%	+6,97%	+4,31%	+16,80%	+7,14%	-4,95%	+5,10%	+6,44%	-25,61%	+2,56%
Dont Nombre de faits commis en	2012	144	11	173	16	14	358	70	9	19	98	136	137	94	37	92	495	88	26	1066
	2013	122	4	176	32	10	344	54	16	23	93	125	130	72	34	90	451	91	16	995
	2014	107	9	163	16	9	304	43	7	15	65	142	140	66	34	78	460	66	29	924
Total des faits constatés sur le département ZPN + ZGN	2012	6 933	2 273	4 409	2 851	2 744	19 210	6 622	1 915	2 201	10 738	5 698	3 947	2 260	3 516	4 205	19 626	2 256	530	52 360
	2013	6 227	2 319	3 963	2 963	3 050	18 522	6 213	2 000	2 147	10 360	5 177	3 853	2 049	3 273	4 313	18 665	2 139	633	50 319
	2014	6 084	2 292	3 649	2 944	3 273	18 242	6 245	2 194	2 122	10 561	5 371	4 042	2 123	3 567	4 471	19 574	1 944	611	50 932
% Pourcentage de Faits constatés - Hors Département	2012	6,23	10,44	6,01	7,53	10,39	7,5	6,67	8,24	8,79	7,39	9,86	6,54	6,96	9,54	7,26	8,26	5,45	9,56	7,7
	2013	6,93	11,93	6,71	9	11,34	8,61	8,13	9,91	10,54	8,99	11,37	6,95	7,99	12,23	8,78	9,68	6,23	9,44	9
	2014	7,76	12,59	7,6	9,14	12,91	9,54	7,22	10,12	9,2	8,24	11,56	6,82	9,62	12,1	8,25	9,76	8,56	4,08	9,27
% Pourcentage de Faits constatés - Hors Zone Police	2012	8,18%	10,87%	9,70%	8,04%	10,84%	9,23%	7,65%	8,67%	9,57%	8,24%	12,01%	9,78%	10,83%	10,50%	9,29%	10,58%	9,14%	13,99%	9,58%
	2013	8,76%	12,08%	10,85%	9,98%	11,63%	10,31%	8,93%	10,63%	11,50%	9,80%	13,51%	10,09%	11,23%	13,14%	10,68%	11,86%	10,21%	11,73%	10,80%
	2014	9,38%	12,93%	11,72%	9,63%	13,15%	11,04%	7,86%	10,41%	9,84%	8,80%	13,90%	10,05%	12,43%	12,94%	9,85%	11,88%	11,67%	9,40%	10,91%
Faits constatés INFRACTIONS LIEES AUX STUPEFIANTS	2012	389	156	244	288	200	1 277	758	217	151	1 126	331	258	223	327	296	1 435	207	221	4 266
	2013	394	130	247	215	181	1 167	665	194	136	995	410	209	251	287	310	1 467	196	282	4 107
	2014	511	163	162	165	238	1 239	599	252	120	971	447	239	247	265	285	1 483	186	233	4 112
Evolution 14/13		+29,70%	+25,38%	-34,41%	-23,26%	+31,49%	+6,17%	-9,92%	+29,90%	-11,76%	-2,41%	+9,02%	+14,35%	-1,59%	-7,67%	-8,06%	+1,09%	-5,10%	-17,38%	+0,12%
TOTAL Faits Elucidés INFRACTIONS LIEES AUX	2012	387	156	242	288	194	1 267	758	223	151	1 132	331	258	218	326	294	1 427	206	226	4 258
	2013	394	130	247	214	175	1 160	665	193	136	994	410	209	244	287	313	1 463	194	286	4 097
	2014	511	163	159	165	218	1 216	599	252	120	971	447	240	246	265	286	1 484	184	238	4 093
Evolution 14/13		+29,70%	+25,38%	-35,63%	-22,90%	+24,57%	+4,83%	-9,92%	+30,57%	-11,76%	-2,31%	+9,02%	+14,83%	+0,82%	-7,67%	-8,63%	+1,44%	-5,15%	-16,78%	-0,10%
Taux de réussite INFRACTIONS LIEES AUX STUPEFIANTS	2012	99,49%	100,00%	99,18%	100,00%	97,00%	99,22%	100,00%	102,76%	100,00%	100,53%	100,00%	100,00%	97,76%	99,69%	99,32%	99,44%	99,52%	102,26%	99,81%
	2013	100,00%	100,00%	100,00%	99,53%	96,69%	99,40%	100,00%	99,48%	100,00%	99,90%	100,00%	100,00%	97,21%	100,00%	100,97%	99,73%	98,98%	101,42%	99,76%
	2014	100,00%	100,00%	98,15%	100,00%	91,60%	98,14%	100,00%	100,00%	100,00%	100,00%	100,00%	100,24%	99,60%	100,00%	100,35%	100,07%	9892,00%	102,15%	99,54%
Faits constatés - STUP representent x % de la D.G	2012	5,26%	6,15%	5,20%	9,34%	6,53%	6,15%	10,68%	10,40%	6,26%	9,71%	5,24%	6,11%	9,18%	8,41%	6,53%	6,71%	8,68%	37,71%	7,52%
	2013	5,89%	4,94%	5,81%	6,60%	5,26%	5,76%	9,83%	8,74%	5,67%	8,74%	7,02%	5,05%	11,27%	7,70%	6,56%	7,10%	8,59%	40,34%	7,43%
	2014	7,75%	6,22%	4,10%	5,09%	6,33%	6,14%	8,90%	10,32%	5,13%	8,44%	7,36%	5,51%	10,52%	6,53%	5,85%	6,04%	6,75%	36,24%	7,33%
	ANNEE	EVRY	BRUNDY	CORBEIL	DRAVEIL	MONTGERON	DIST. EVRY	JUVISY	ATHIS	SAVIGNY	DISTR. JUVISY	PALAISEAU	ARPAJON	LONGJUMEAU	MASSY	STE GENEVIEVE	DISTR PALAISEAU	ETAMPES	SD 01	DEPART
TRAFIC rub 55	2012	28	0	5	10	4	47	4	6	2	12	4	9	21	3	12	49	4	17	129
	2013	20	0	5	4	3	32	17	5	0	22	7	5	9	14	2	37	9	6	100
	2014	11	0	2	0	7	20	2	10	3	15	10	1	11	8	3	33	4	20	92
Evolution 14/13		-45,00%		-60,00%	-100,00%	133,33%	-37,50%	-88,24%	100,00%	#DIV/0!	-31,82%	42,86%	-80,00%	22,22%	-42,86%	50,00%	-10,81%	-55,56%	233,33%	-8,00%
USAGE REVENTE rub 56	2012	11	2	6	24	10	53	29	7	7	43	16	8	4	14	2	44	2	55	107
	2013	25	7	19	7	4	62	85	2	3	70	11	3	7	5	13	39	6	59	236
	2014	9	9	5	4	12	39	55	9	4	68	11	5	15	18	5	54	6	39	206
Evolution 14/13		-64,00%	28,57%	-73,68%	-42,86%	200,00%	-37,10%	-35,29%	350,00%	33,33%	-2,86%	0,00%	66,67%	114,29%	260,00%	-61,54%	38,46%	0,00%	-33,90%	-12,71%
CONSOMMATION rub 57	2012	348	154	231	253	186	1172	724	203	141	1068	304	241	198	301	281	1325	199	143	3907
	2013	349	123	220	203	173	1068	583	185	127	985	389	200	228	267	293	1377	179	213	3732
	2014	491	154	155	161	217	1178	541	233	102	876	420	230	221	239	276	1386	176	169	3785
Evolution 14/13		40,80%	20,13%	-28,14%	-16,60%	23,66%	9,39%	-5,80%	23,65%	-17,73%	-10,21%	10,20%	12,45%	-3,54%	-9,30%	-6,05%	0,68%	-1,51%	-30,77%	1,36%
Autres infractions Stupéfiants rub 58	2012	2	0	2	1	0	5	1	1	1	3	7	0	0	9	1	17	2	6	33
	2013	0	0	3	1	1	5	0	2	6	8	3	1	7	1	2	14	2	4	33
	2014	0	0	0	0	2	2	1	0	11	12	6	3	0	0	1	10	0	5	29
Evolution 14/13					-100,00%	100,00%	-60,00%		-100,00%	83,33%	50,00%	100,00%	200,00%	-100,00%	-100,00%	-50,00%	-28,57%	-100,00%	25,00%	-12,12%

» Document 2

Indicateur de pilotage des services (IPS par mois)

Janvier	260	8 442
Février	278	9 026
Mars	276	8 961
Avril	236	7 660
Mai	274	8 896
Juin	258	8 377
Juillet	228	7 403
Août	184	5 974
Septembre	284	9 221
Octobre	239	7 760
Novembre	283	9 188
Décembre	280	9 091
Total	3 080	100 %

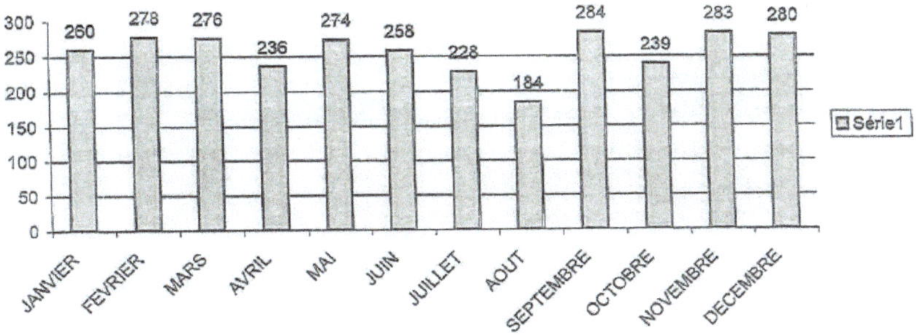

IPS par jour

	Lundi	Mardi	Mercredi	Jeudi	Vendredi	Samedi	Dimanche	Week-end
Vama 15 • 16 • 17 • 19	1	0	1	0	1	0	0	1
Vav 20 • 22 • 23 • 25 • 26	93	76	95	82	80	75	66	9
CAMBRIOLAGES 27 à 30	73	57	67	78	116	72	50	10
VOLS À LA TIRE 32	26	21	27	22	36	34	28	5
VOLS V A 34 • 35	40	38	37	42	49	31	39	15
VOLS 2 ROUES 36	13	11	9	6	14	12	15	3
VOLS ROUL. • ACCESS 37 • 38	92	91	88	98	108	83	92	21
DÉGRADATIONS 66 à 68	79	88	88	74	107	83	64	18
INCENDIES VOLONT. 62 • 63	10	18	18	21	25	19	19	0
TOTAL	427	400	430	423	536	409	373	82

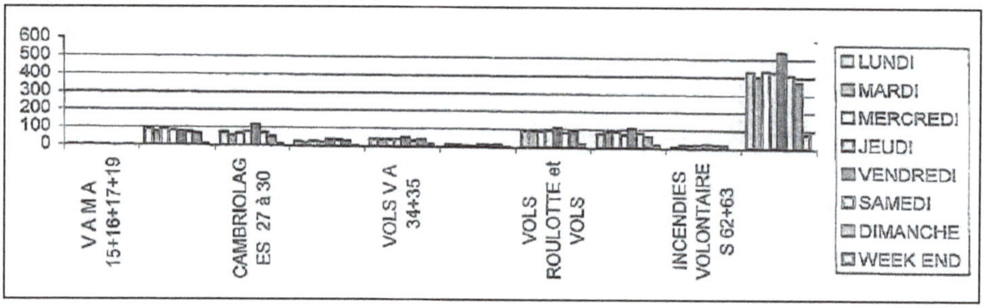

Indicateur de pilotage des services (IPS par jour)

Lundi	427
Mardi	400
Mercredi	430
Jeudi	423
Vendredi	536
Samedi	409
Dimanche	373
Week-end	82

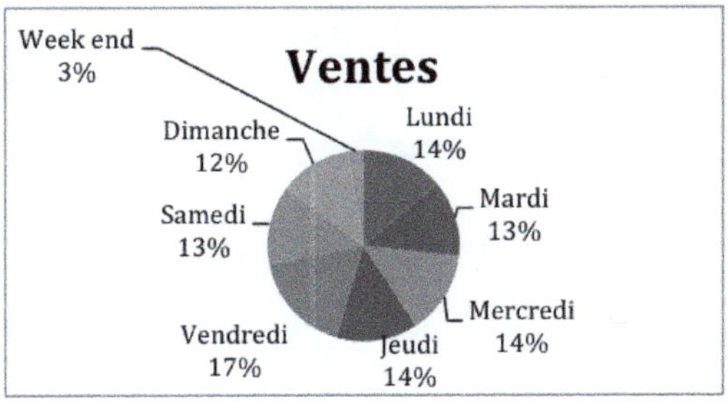

IPS par tranche horaire

	Indéterminé	Journée	6 h-12 h	12 h-21 h	21 h-6 h
Vama (15 • 15 • 17 • 19)	0	0	2	0	3
Vav (20 • 22 • 23 • 25 • 26)	1	1	94	368	111
Cambrio (27 à 30)	66	58	51	170	178
Vol tire 32	0	1	45	129	25
Vol va (34 • 35)	53	12	13	57	156
Vol 2 roues 36	12	4	7	22	38
Roulotte 37 • 38	93	41	35	147	357
Degrad 66 à 68	86	32	58	177	247
Incendie 62 • 63	8	2	5	22	93
	319	151	310	1 092	1 208

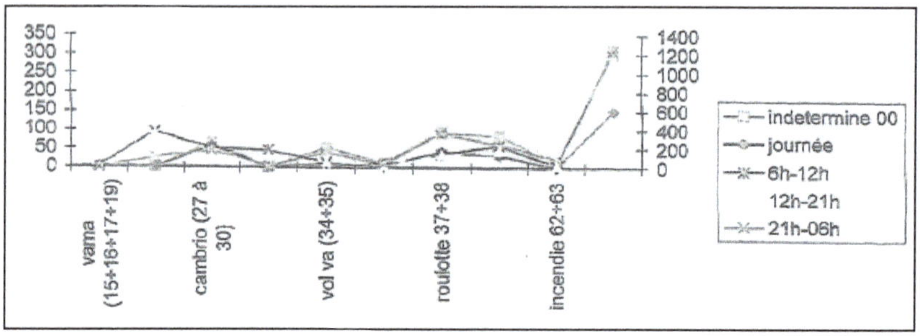

» Document 3

Habitat du pont
Direction du patrimoine
Agence Sud
Antenne d'Avert

Commissariat d'Avert
3, rue du Général-de-Gaulle
99000 Avert

Avert, le 4 novembre 2014

Messieurs,

Par la présente, nous vous donnons accord de RÉQUISITION PERMANENTE pour l'enlèvement des véhicules épaves, en stationnement irrégulier pouvant se trouver dans les parkings et la verbalisation des personnes s'adonnant à la mécanique non autorisée par notre règlement intérieur sur les voies et parkings de nos résidences sises sur la commune de Melun, aux adresses suivantes :
9A/9B/11A/11B rue Édouard-Branly, 40A/40B42A/42B/44A/44B rue des Castors
7A/7B/7C rue Édouard-Branly, 1A/1B/1C/1D/1E rue des Frères-Lumières
3 rue des Frères-Lumières
Nous vous demandons de répondre également aux demandes de nos représentants sur place, et vous autorisons, avec vos agents, à pénétrer à toute heure à l'intérieur de nos immeubles, à chaque fois que vous les jugerez utile et nécessaire, notamment pour juguler les occupations de halls et procéder à toute ouverture de locaux que vous jugerez utile.
Cette réquisition a valeur de reconduction tacite annuelle sans courrier contraire de notre part.
Vous remerciant par avance de ce que vous ferez pour assurer la sécurité et la tranquillité de nos locataires,
Recevez, Messieurs, l'expression de nos salutations les meilleurs.

Laurent Choner
Responsable de l'Agence SUD

» Document 4

RÉPUBLIQUE FRANÇAISE
Rapport d'information

L'an deux mille quatorze et le vingt-quatre du mois de décembre
Nous soussigné(s), Brigadier Chef principal VIDAL Pierre
Gardien NOUCIE Denis

Dûment agréé(s) par Monsieur le procureur de la République près le Tribunal de Grande Instance d'Avert et par Monsieur le Préfet du département de LONDRE et assermenté(s) par Monsieur le Président du Tribunal d'Instance d'Avert.
Vu les articles 21-2°, 21-2, 78-6, 429 et 537 du code de procédure pénale
Vu les articles L. 511-1 et suivants du code de la sécurité intérieure
Rapportons les opérations suivantes que nous avons effectuées, agissant en uniforme et conformément aux ordres de nos chefs
Le vingt-quatre décembre deux mille quatorze à neuf heures vingt minutes en service de surveillance dans la commune d'Avert faisant suite au courriel en date du 18/12/2014, de Madame Duval, en charge de la coordination de la gestion urbaine de proximité qui nous a fait état d'un pavillon situé 48, avenue de Meaux, appartenant à la ville d'Avert a fait l'objet d'une effraction sur la porte d'entrée et serait susceptible d'être squatté. Nous nous rendons sur les lieux, et convenons d'une intervention en coordination avec Monsieur Legrand, responsable des ateliers bâtiments afin de renforcer la fermeture des portes du pavillon.
Sur place, nous prenons attache avec Monsieur Legrand, assisté de Monsieur Martial, qui se trouvait présent sur les lieux.
Nous investissons les lieux et remarquons des traces anciennes de squat dans les différentes pièces du pavillon. Nous ne constatons aucune présence d'individu à l'intérieur de la maison. Nous remarquons la présence d'un vélo tout-terrain, de marque NUMBERONE, de couleur mauve dans la cour. Nous constatons que les pédales sont manquantes sur le vélo.
Après avoir contrôlé les lieux, Monsieur Legrand nous déclare qu'il va condamner définitivement la porte d'entrée du pavillon par la mise en place de cornières métalliques indémontables et qu'il va également souder le portail du pavillon donnant sur le côté de la rue Lavoisier.
À dix heures, nous quittons les lieux afin de rédiger le présent rapport.

Fait et clos le 24 décembre 2014

» Document 5

Circonscription de sécurité publique d'Avert

Liste des bailleurs :
1. Habitat du Pont
2. France logement
3. Loxim
4. Adomus

Vidéosurveillance police municipale
Source : PM AVERT

16 caméras sur le quartier du triangle positionnées comme suit :
- Place des Verres
- Rue Alexandre (Angle voie TU*/Baudelaire)
- Square du Diable
- Passerelle du Diable
- Place Salvador-Dali
- Square Jacques-Brel
- Rue Galants
- Rue Louis-Braille
- Allée Paul-Verlaine
- Parking Jules-Raimu
- Place Jules-Verne
- Allée Verte (en vis-à-vis du centre de loisirs et de l'école Genève)
- Multi-accueil entrée (coté bd des Champs-Élysées en vis-à-vis du parc des Lierres)
- Multi-accueil Cour (coté école Jules-Vallès et cour multi-accueil)
- Caméra fixe mairie : Borne Bonaparte
- Caméra fixe mairie : Rose

Liste des appartements squattés par bailleur
Bailleur : Habitat du Pont
Dates (vacance) (squat)

• 7, rue des haies, appartement 160	16/01/14	22/01/14
• 4, rue Louis-Braille, bât. 4, 2e étage	15/05/14	26/05/14
• 9, rue Galants, appartement 67, Rdc	01/07/14	03/08/14
• 22, place Jean-Failetour	25/04/14	06/05/14
• 306, place Jules-Verne	30/08/14	12/09/14

Bailleur : France logement

Dates (vacance) (squat)		
• 4, impasse du Chêne	12/08/14	
• 10, rue de l'Alouette qui chante	29/04/14	
• 20, place Ronde	31/09/14	
• 16, allée de Louia	15/08/14	

Bailleur : Loxim

Dates (vacance) (squat)		
• 215, rue des Triangles	12/02/14	
• 25, place Jules-Raimu	Non communiquées	
• 77, place des Verres	Non communiquées	
• 52, rue de la Poule-Noire	06/06/14	
• 48 bis, allée Paul-Verlaine	Non communiquées	

Bailleur : Adomus

Dates (vacance) (squat)		
• 14, allée Paul-Verlaine	15/03/14	18/03/14
• 5 bis, rue du Roi-Soleil	03/08/14	22/09/14
• 17, passage du Bois	20/05/14	
• 3, rue Alexandre	01/08/14	01/08/14

» Document 6

Fiche de consignes aux effectifs de l'unité de sécurité de proximité

PRÉSENCE ET SÉCURISATION – SECTEUR DU TRIANGLE
Place Jules Raimu
Place des Verres
Square Salvador-Dali
Rue des Triangles
Rue de la Poule-Noire
Allée Paul-Verlaine

Outre les vols avec violences, vols par effraction et dégradations de biens privés, il a été signalé depuis quelques semaines plusieurs intrusions ou tentatives d'intrusion dans des appartements vides pourtant protégés par des portes dites « anti-squat ». Ces infractions démontrent une volonté d'appropriation du territoire afin de se livrer notamment à des trafics de stupéfiants.

Ces actes délictueux (vols simples, dégradations, vols à la roulotte) se produisent surtout en fin d'après-midi et en soirée (16 h-22 h), mais également de nuit. Le périmètre touché concerne : l'allée et la place Jules-Raimu, la place Salvador-Dali, la rue des Triangles, la place des Verres, la rue de la Poule-Noire et le quai aux fleurs (CŒUR DU TRIANGLE).

Cette sécurisation que vous effectuerez a pour but de dissuader la commission de vols à l'arraché, vols avec effraction ou encore des vols dans les véhicules. Elle comprend une présence policière, des contrôles d'identité et des contrôles de parties communes (halls, parking et étages).

Planning susceptible de modifications en fonction des modifications de l'emploi des effectifs départementaux.

Toute opération de sécurisation fera l'objet d'une création MCI, qui inclura :

- Le code événement
- La nature de l'affaire
- Le requérant

Signé,
Le chef de circonscription

» Document 7

Avert, le 15 janvier 2015
Ville d'Avert
100, place de la République
99000 Avert

À l'attention de Madame Karine Larousse,
Directrice de Loxim
12, avenue du 11-Novembre-1918
99000 Avert

Madame la directrice,

J'ai été personnellement saisi par plusieurs locataires du quartier du Triangle au sujet de la détérioration du vivre-ensemble dans les différentes résidences qui le composent.
Plusieurs problématiques majeures me sont rapportées : des accès aux parties communes qui ne sont pas sécurisés ou des dégradations des systèmes de fermeture des portes pourtant récemment rénovés ; plusieurs appartements vacants aux 10e et 12e étages de la tour Beethoven devenus des « squats » où l'ensemble des signalements concordent pour indiquer que des individus s'adonnent à la consommation ou au trafic de stupéfiants.
La ville d'Avert a lourdement investi à vos côtés dans un plan de rénovation du quartier du Triangle, ces efforts ne doivent pas rester vains.
Je vous remercie de m'indiquer quelles dispositions vos services comptent prendre pour remédier à ces difficultés, me tenant une nouvelle fois à votre disposition pour vous assister dans vos démarches.
Je vous prie d'agréer, Madame la directrice, l'expression de ma considération distinguée.

Le Maire,
Conseiller départemental
Basile Leroux

» Document 8

Premières expulsions des appartements squattés

Dans le labyrinthe urbain de la cité de la Maladrerie, de part et d'autre de la rue Lopez et Jules-Martin, les squatters qui peu à peu ont investi les appartements libres savaient la menace imminente. Hier matin, elle s'est concrétisée, avec l'expulsion de deux familles installées là depuis plus de six ans.

Aujourd'hui, l'OPHLM a décidé de ne plus se laisser dépasser et les policiers reviendront sans doute souvent faire appliquer les jugements d'expulsion prononcés après des mois, voire des années de procédure.

À la Maladrerie, l'office recense 36 logements squattés, sur les 700 de l'ensemble, pour la plupart par des familles d'origine malienne et ivoirienne. Des logements dont Bud, un jeune de la cité employé à la régie de quartier, connaît tous les occupants. Il habite là depuis dix-sept ans, il a vu la population changer. « Depuis dix ans, c'est comme ça, raconte le jeune homme en désignant les portes forcées. Avant, ici, il y avait beaucoup de gens âgés qui sont partis parce que le quartier avait mauvaise réputation. Ils ont été remplacés… »

« On a tous peur. »

Dans son triplex aux murs blancs, simple mais spacieux, du passage Daquin – le plus investi par les squatters, selon un proche du maire –, Salimata est l'une de ces « sans droit ni titre ». Enceinte presque à terme de son troisième bébé, maman célibataire, elle aimerait « qu'ils » l'oublient.

Les policiers, la préfecture, les huissiers… la jeune Malienne pensait pourtant convaincre et avoir fait de son mieux avec sa liasse de factures EDF, de France Télécom, son attestation d'enregistrement départemental de demande de logement locatif social cachetée en juin dernier de l'OPHLM d'Aubervilliers. Surtout, ses deux enfants de 10 et 11 ans fréquentent l'école voisine. Elle a aussi contacté un avocat.

« Je tiens tout à jour, répète Salimata, une main sur son ventre rond et le regard attendri sur les murs clairs de son appartement. Ce n'était pas comme ça il y a deux ans quand je suis arrivée. J'ai tout repeint, fait 1 500 de travaux… Pourquoi n'ai-je pas le droit de payer un loyer ? » Comme chez Salimata, l'inquiétude se propage dans les conversations de ruelles de la Maladrerie.

« On se connaît tous, explique Kantemaïna, 25 ans, et son bébé de 3 semaines sur le ventre. On a tous peur d'être expulsés, maintenant ça peut arriver n'importe quand. » Elle aussi admet « avoir donné 1 000 à un homme pour entrer ». Un inconnu qu'elle savait être un escroc, mais inévitable pour avoir ce toit illégal. Un chez-soi pour lequel elle manifestait encore lundi devant la maire d'Aubervilliers avec les autres « occupants sans droit ni titre de la Maladrerie » et le collectif parisien des Mal-logés en colère.

» Document 9

Les menaces de destructions, de dégradations ou de détériorations et les fausses alertes

Infractions	Nature	Textes	Éléments constitutifs	Peines principales[1]
Menaces faites sans ordre de remplir une condition	1re cl	Art. R 631-1 CP	Dommage léger	38 euros d'amende
	4e cl	Art. R 634-1 CP	Pas de danger pour les personnes	750 euros d'amende
	Délit	Art. 322-12 CP	Dangereuses pour les personnes	6 mois 7 500 euros
Menaces faites avec l'ordre de remplir une condition	Délit	Art. 322-13 al. 1 CP	Menace d'atteinte matérielle par n'importe quel moyen du bien d'autrui avec l'ordre de remplir une condition	1 an 15 000 euros
Circonstances aggravantes		Art. 322-13 al. 2 CP	Danger pour les personnes	3 ans 45 000 euros
Fausses alertes	Délit	Art. 322-14 al. 1 CP	Fausse information dans le but de faire croire à un dommage matériel dangereux pour les personnes (ex. : attentat)	2 ans 30 000 euros
		Art. 322-14 al. 2 CP	Fausse alerte faisant croire à un sinistre (ex. : feu, inondation)	2 ans 30 000 euros

Peines complémentaires : art. 322-15 CP (art. 131-21 pour les infractions punies de plus d'un an d'emprisonnement)

1. Pour les personnes physiques. La responsabilité pénale des personnes morales peut également être engagée pour ces infractions : art. 322-17 CP.

Les destructions, dégradations et détériorations ne présentant pas un danger pour les personnes

Infractions	Nature	Textes	Éléments constitutifs	Peines principales
Dommage important	Délit	Art. 322-1 al. 1 CP	Dommage volontaire à un bien mobilier ou immobilier appartenant à autrui par n'importe quel moyen sauf incendie	2 ans 30 000 euros
Circonstances aggravantes	Délit	Art. 322-2 CP (al. 1 à 3)	Le bien visé est un registre, une minute, un acte original de l'autorité publique	3 ans 45 000 euros
Circonstances aggravantes		Art. 322-2 CP al. 4	Infraction commise à raison de l'appartenance ou non-appartenance du propriétaire ou utilisateur du bien à une ethnie, une nation, race ou religion	3 ans 45 000 euros
Circonstances aggravantes		Art. 322-3 CP	Les dommages ont été : • commis par plusieurs personnes ; • facilités par l'état d'une personne d'une particulière vulnérabilité ; • commis au préjudice d'un dépositaire de l'autorité publique ou d'une personne chargée d'une mission de service public ou au préjudice de son conjoint descendant en ligne directe, ou toute autre personne vivant habituellement au domicile ; • commis au préjudice d'un témoin, d'une victime ou d'une partie civile ; • commis dans un local d'habitation ou dans un lieu utilisé ou destiné à l'entrepôt de fonds, valeurs, marchandises ou matériels ; • commis à l'encontre d'un lieu classifié au titre du secret de la défense nationale ; • commis par une personne dissimulant volontairement en tout ou partie son visage afin de ne pas être identifiée ; • commis contre un bien destiné à l'utilité ou la décoration publique et appartenant à une personne publique ou chargée d'une mission de service public ; • commis à l'encontre d'un établissement scolaire, éducatif ou de loisirs ou d'un véhicule transportant des enfants.	5 ans 75 000 euros
		Art. 322-3 CP al. 12	Commis dans deux des circonstances prévues au 1° et suivant du présent article	

Cas pratique

Infractions	Nature	Textes	Éléments constitutifs	Peines principales
	Délit	Art. 322-3-1 CP (al. 1 à 4)	Les dommages portent sur : • un immeuble ou objet mobilier classé ou inscrit, ou un document d'archives privées classé ; • une découverte archéologique faite au cours de fouilles ou fortuitement, un terrain sur lequel se déroulent des opérations archéologiques ou un édifice affecté au culte ; • un bien culturel qui relève du domaine public mobilier ou qui est exposé, conservé ou déposé, même de façon temporaire, soit dans un musée de France, une bibliothèque, une médiathèque ou un service d'archives, soit dans un lieu dépendant d'une personne publique ou d'une personne privée assurant une mission d'intérêt général, soit dans un édifice affecté au culte.	
		Art. 322-3-1 CP (al. 5)	Infraction commise par plusieurs personnes agissant en qualité d'auteur ou de complice	10 ans 150 000 euros
Inscriptions signes et dessins « tags »	Délit	Art. 322-1 al. 2 CP	Inscriptions, signes ou dessins sans autorisation préalable sur les façades, les voies publiques ou le mobilier urbain si facilement effaçables	3 750 euros d'amende (ne permet pas le flagrant délit) + TIG
Circonstances aggravantes	Délit	Art. 322-2 al. 1 à 6 CP	(*Idem* tableau dommage important)	7 500 euros + TIG
Dommage léger	5e cl.	Art. 322-2 al. 1 à 6 CP	(*Idem* tableau dommage important)	15 000 euros + TIG
		Art. R 635-1 CP	Atteinte volontaire à un bien mobilier ou immobilier appartenant à autrui par n'importe quel moyen sauf l'incendie ou l'explosion entraînant un dommage léger	1 500 euros Récidive : 3 000 euros

Peines complémentaires des art. 322-15 et 131-21 CP

Les destructions, dégradations et détériorations dangereuses pour les personnes

Infractions	Nature	Textes	Éléments constitutifs	Peines principales
Agissements involontaires	Délit	Art. 322-5 al. 1 CP	Faute entraînant un dommage involontaire d'un bien appartenant à autrui par explosion, incendie, par manquement à une obligation de sécurité ou de prudence imposée par la loi ou les règlements.	1 an 15 000 euros
		Art. 322-5 al. 2 CP	Les mêmes faits de l'article 322-5 al. 1 sont le résultat d'une violation délibérée d'une obligation de sécurité ou de prudence.	2 ans 30 000 euros
Circonstances aggravantes de l'art. 322-5 al. 1		Art. 322-5 al. 3 à 6 CP	Le manquement à l'obligation de sécurité prévu à l'art. 322-5 al. 1 lorsqu'il s'agit d'un : • incendie de bois, forêts, etc. ; • incendie exposant à dommage corporel ou environnemental ; • incendie avec ITT ≥ 8 jours ; • incendie suivi de mort.	2 ans 30 000 euros 3 ans 45 000 euros 5 ans 75 000 euros 7 ans 100 000 euros
Circonstances aggravantes de l'art. 322-5 al. 2		Art. 322-5 al. 3 à 6 CP	La violation délibérée d'une obligation de sécurité ou prudence prévue à l'art. 322-5 al. 2 lorsqu'il s'agit d'un : • incendie de bois, forêts, etc. ; • incendie exposant à dommage corporel ou environnemental ; • incendie avec ITT ≥ 8 jours ; • incendie suivi de mort.	3 ans 45 000 euros 5 ans 100 000 euros 7 ans 100 000 euros 10 ans 150 000 euros

Peines complémentaires :
- art. 322-15 CP ;
- art. 131-21 CP en cas d'infraction punie de plus d'un an d'emprisonnement.

Infractions	Nature	Textes	Éléments constitutifs	Peines principales
Agissements volontaires	Délit	Art. 322-6 al. 1 CP	Dommage volontaire d'un bien appartenant à autrui par l'effet d'une substance explosive, d'un incendie ou de tout autre moyen dangereux pour les personnes.	10 ans 150 000 euros
Circonstances aggravantes de nature criminelle	Crime		Le dommage défini à l'art. 322-6 al. 1 CP a :	
		Art 322-6 al. 2 CP	• été causé par un incendie volontaire de bois, forêts, etc. ;	15 ans RC 150 000 euros
		Art. 322-7 al. 1 CP	• entraîné une ITT ≤ 8 jours ;	20 ans RC 150 000 euros
		Art 322-8 al. 1 CP	• été commis en bande organisée ; • entraîné une ITT > 8 jours ; • été commis à raison de l'appartenance ou non-appartenance du propriétaire ou utilisateur à une ethnie, nation, race ou religion.	20 ans RC 150 000 euros
		Art. 322-7 al. 2 CP	• incendie volontaire de bois et ITT ≤ 8 jours ;	20 ans RC 200 000 euros
		Art. 322-9 al. 1 CP	• le délit de l'art. 322-6 al. 1 a entraîné mutilation ou infirmité permanente ;	30 ans RC 150 000 euros
		Art. 322-8 al. 1 CP	• incendie volontaire de bois ayant : - été commis en bande organisée, - entraîné une ITT > 8 jours, - été commis à raison de l'appartenance du propriétaire ou utilisateur à une ethnie, nation, race ou religion ;	30 ans RC 150 000 euros
		Art. 322-10 CP	• le délit de l'art. 322-6 al. 1 a entraîné la mort ;	RC à perpétuité 150 000 euros
		Art. 322-9 al. 2 CP	• incendie de bois ayant entraîné mutilation ou infirmité permanente.	RC à perpétuité 200 000 euros

Peines complémentaires :

- art. 322-15 CP
- art. 322-16 CP : à l'encontre de tout étranger coupable de l'une des infractions prévues aux articles 322-7 à 322-10 ;
- art. 322-18 CP : suivi socio-judiciaire pour les infractions définies aux articles 322-6 à 322-11 ;
- art. 131-21 CP : en cas d'infraction punie de plus d'un an d'emprisonnement.

» Document 10

L'intervention dans un squat

I. Quelques définitions

La notion de domicile est plus large en droit pénal qu'en droit civil. C'est, selon la jurisprudence, « tout lieu où une personne a le droit de se sentir chez elle quels que soient le titre juridique de son occupation et l'affectation donnée aux locaux ».

L'expulsion est une mesure décidée par l'autorité juridique, face à une personne qui ne dispose pas ou plus du droit d'occuper un logement. L'évacuation est une mesure de police administrative prise par une autorité publique en cas de danger ou d'urgence (compte tenu des risques encourus par les occupants ou le public).

Le squatter est la personne qui occupe un logement sans droit ni titre. Sa présence est par définition illégale, cependant, cela ne permet pas à la police de l'évincer *manu militari* quelles que soient les circonstances.

II. L'éviction des « squatters »

De manière générale, une expulsion d'un immeuble ou d'un lieu habité ne peut être poursuivie qu'en vertu d'une décision de justice ou d'un procès-verbal de conciliation exécutoire et après signification d'un commandement d'avoir à libérer les locaux (article L. 411-11 du code des procédures civiles d'exécution). Il revient ainsi aux propriétaires ou aux locataires de saisir la juridiction civile dans le but d'obtenir un commandement de quitter les lieux qui sera mis à exécution par un huissier, au besoin avec le concours de la force publique.

Il s'agit de la procédure judiciaire d'expulsion (A).

Il existe une procédure administrative ou préfectorale d'expulsion concernant uniquement les locaux habités (B) et une procédure en urgence (C).

A. La procédure judiciaire d'expulsion

Lorsque l'occupation n'a pas donné lieu à la constatation d'une infraction pénale et que le défaut de titre n'implique pas nécessairement que l'occupant est sans droit, ce que le juge est seul habilité à apprécier, c'est la voie civile de l'expulsion, par exécution d'une ordonnance de référé ou d'une ordonnance sur requête, qui doit être suivie.

- Code des procédures civiles d'exécution
- Loi n° 98-657 du 29 juillet 1998, art. 114 à 122
- Circulaire du 19 janvier 1999 relative à la prévention des expulsions pour impayés

1. La décision d'expulsion

L'expulsion d'une personne occupant un local d'habitation ne peut être réalisée qu'après l'obtention d'un titre exécutoire, c'est-à-dire une décision d'expulsion définitive rendue par le juge statuant en référé ou au fond (art. L. 411-1 du code des procédures civiles d'exécution).

Cette règle s'applique quel que soit le statut d'occupation (locataire, sous-locataire, résident, personne hébergée dans le cadre d'un prêt de logement). Elle s'applique également aux personnes qui occupent un local d'habitation sans droit ni titre.

Cas pratique

Rappelons que le juge peut ordonner l'expulsion à la suite :
• d'un commandement visant une clause résolutoire de plein droit insérée dans le contrat (clause résolutoire en cas de non-paiement des loyers ou de non-souscription d'une assurance contre les risques locatifs…) ;
• d'un congé valable délivré par le bailleur ;
• d'une demande en résiliation du contrat pour faute ou non-respect des obligations contractuelles (troubles de jouissance, non-respect des conditions pour être logé, usage des lieux non conforme à leur destination…) ;
• d'une occupation sans droit ni titre.

Le juge peut, tout en ordonnant l'expulsion, accorder à l'occupant, même d'office, des délais de grâce pour quitter les lieux. Ces délais ne peuvent être ni inférieurs à un mois, ni supérieurs à un an (art. L. 412-3 et L. 412-4 du code des procédures civiles d'exécution).

Nota : Le juge qui ordonne l'expulsion a la possibilité de transmettre sa décision au préfet afin qu'une solution de relogement soit étudiée dans le cadre du plan départemental d'action pour le logement des personnes défavorisées (PDALPD).

2. L'exécution de la décision d'expulsion

Une fois en possession du titre exécutoire ordonnant l'expulsion, le bailleur doit confier la suite de la procédure à un huissier de justice.

a) Le commandement de quitter les lieux

Le bailleur a l'obligation de faire délivrer un commandement de quitter les lieux par un huissier de justice à la personne expulsée.

Aucune expulsion ne peut être réalisée avant l'expiration d'un délai de deux mois qui suit la délivrance de ce commandement (art. L. 412-1 du code des procédures civiles d'exécution).

Ce délai peut être prorogé par le juge qui ordonne l'expulsion pour une durée n'excédant pas trois mois « lorsque l'expulsion aurait pour la personne concernée des conséquences d'une exceptionnelle dureté en raison, notamment du fait de la période de l'année considérée ou des circonstances atmosphériques ».

Le juge peut également réduire ou supprimer ce délai de deux mois, par décision spéciale et motivée, notamment lorsque les occupants sont rentrés dans les locaux par voie de fait.

Le commandement de quitter les lieux doit contenir :
• l'indication du titre exécutoire en vertu duquel l'expulsion est poursuivie ;
• la date à laquelle les locaux doivent être libérés et l'avertissement qu'à compter de cette date, il pourra être procédé à l'expulsion forcée ;
• la désignation de la juridiction compétente devant laquelle l'occupant pourra demander des délais de grâce pour quitter les lieux en application des articles L. 412-3 et L. 412-4 du code des procédures civiles d'exécution ou contester les conditions de l'opération d'expulsion.

Par ailleurs, l'huissier a l'obligation d'adresser au préfet une copie du commandement afin que le relogement de la personne expulsée soit étudié dans le cadre du plan départemental d'action pour le logement des personnes défavorisées.

b) Les « délais de grâce »

S'ils n'ont pas été prévus dans le jugement d'expulsion, la personne expulsée peut toujours saisir le juge pour demander l'octroi de délais de grâce (de un mois à un an) dès lors que son relogement ne peut avoir lieu dans des conditions normales (art. L. 412-3 et L. 412-4 du code des procédures civiles d'exécution).

Entre le jugement d'expulsion et la délivrance du commandement de quitter les lieux, c'est le juge des référés qui est compétent pour accorder ces délais.
Après la délivrance de ce commandement, c'est le juge de l'exécution qui est compétent.
Pour la fixation de ces délais, le juge doit prendre en compte plusieurs critères :

• la bonne ou mauvaise volonté manifestée par l'occupant dans l'exécution de ses obligations ;
• les situations respectives du propriétaire et de l'occupant notamment en ce qui concerne l'âge, la santé, la situation de famille et de fortune de chacun ;
• les circonstances atmosphériques ;
• la diligence de l'occupant en vue de son relogement.

c) La trêve hivernale

L'article L. 412-6 du code des procédures civiles d'exécution interdit l'expulsion, même si les délais dont bénéficie l'occupant sont expirés, entre le 1er novembre et le 31 mars de l'année suivante, à moins d'un relogement dans des conditions suffisantes respectant l'unité et les besoins de la famille.
Cette mesure peut être remise en cause par le juge en cas d'entrée dans les locaux par voie de fait. Elle ne s'applique pas non plus aux locaux spécialement destinés à des étudiants lorsqu'ils ne remplissent plus les conditions d'admission.

d) La libération des lieux

L'huissier de justice est seul en mesure de procéder à l'exécution de l'expulsion (art. L. 122-1 du code des procédures civiles d'exécution). Le bailleur ne peut y participer.
Aucune expulsion ne peut intervenir ni avant six heures et après vingt et une heures les jours ouvrables, ni les dimanches et jours fériés (art. L. 141-1 du code des procédures civiles d'exécution).
Lorsque l'occupant est présent et libère les lieux, l'huissier dresse un procès-verbal d'expulsion.
En cas d'absence ou de présent et libère les lieux, l'huissier dresse un procès-verbal d'expulsion.
En cas d'absence ou de résistance de l'occupant, l'huissier ne peut pénétrer de force dans le logement. Dans ce cas, il dresse un procès-verbal de tentative d'expulsion et requiert le concours de la force publique en s'adressant au préfet.
Nota : En l'absence de l'occupant, l'huissier ne peut pénétrer de force dans le logement que s'il détient des informations attestant qu'il a quitté les lieux de son propre gré après la délivrance du commandement. Dans ce cas, l'huissier doit être accompagné d'un représentant de l'autorité municipal délégué, d'une autorité de police ou de gendarmerie ou, à défaut, de deux témoins majeurs qui ne sont au service ni du bailleur ni de l'huissier (art. L. 451-1 du code des procédures civiles d'exécution).

e) Le sort des meubles

Les meubles sont remis, aux frais de la personne expulsée, dans un lieu désigné par elle. À défaut, ils sont laissés sur place ou entreposés dans un autre lieu approprié ; dans ce cas, le procès-verbal d'expulsion établi par l'huissier doit contenir l'inventaire des biens, leur valeur marchande et les conditions d'accès du local où ils sont entreposés. Si la personne expulsée n'a pas retiré les meubles dans un délai d'un mois, ceux ayant une valeur marchande sont mis en vente aux enchères publiques sur autorisation du juge de l'exécution. La somme issue de la vente revient à l'occupant, déduction des frais et de la créance du bailleur (art. L. 433-1 et L. 433-2 du code des procédures civiles d'exécution).

f) Le concours de la force publique
(art. L. 153-1 et L. 153-2 du code des procédures civiles d'exécution)
Lorsque l'huissier n'a pu lui-même procéder à l'expulsion, il requiert le concours de la force publique en s'adressant au préfet. Celui-ci dispose d'un délai de deux mois pour accorder ou refuser son concours. Tout refus doit être motivé.
L'absence de réponse dans ce délai équivaut à un refus.
Si le concours de la force publique est accordé, l'huissier assisté d'un commissaire de police ou de forces plus importantes procède à l'expulsion.
En cas de refus, le bailleur peut engager la responsabilité de l'État par le biais d'un recours gracieux auprès du préfet puis, si nécessaire, par un recours devant le tribunal administratif pour être indemnisé de son préjudice.

B. La procédure administrative hors péril
En lieu et place de la procédure civile ou en concurrence avec celle-ci, la « victime » du squat peut saisir le préfet afin que ce dernier fasse évacuer le logement indûment occupé. Cette disposition est prévue par l'article 38 de la loi n° 2007-290 du 5 mars 2007.
Dans le ressort de la préfecture de police de Paris, il convient de se référer à la note du directeur territorial de la sécurité de proximité en date du 18 juillet 2011.
L'occupation ou le maintien illicite dans le domicile d'autrui doit avoir été commis avec au moins une des circonstances suivantes :
• manœuvres ;
• menaces ;
• voies de fait ;
• contrainte.
Le propriétaire ou le locataire du logement doit avoir dans un premier temps et cumulativement :
• déposé plainte (article 226-4 du code pénal, voir *infra*) ;
• fourni la preuve que le logement constitue son domicile ;
• fait constater l'occupation illicite par un OPJ.
Le préfet, saisi par l'occupant légitime, adresse alors une mise en demeure de quitter les lieux assortie d'un délai d'exécution, qui ne peut être inférieur à vingt-quatre heures. Si cette mise en demeure n'est pas suivie d'effet et si l'occupant légitime ne s'y oppose pas, le préfet peut faire évacuer le logement à l'issue du délai imparti.
On notera donc que cette procédure administrative est dérogatoire au droit commun des expulsions et peut, de ce fait, être considérée comme une sorte de procédure « accélérée ».
Dans l'intérêt de la personne « victime » du squat, il paraît judicieux de l'orienter vers cette possibilité, dès lors que les conditions de mise en œuvre sont remplies.
Nota : Le propriétaire d'un logement habituellement mis en location mais occupé par des squatters alors qu'il s'est trouvé momentanément vide de tout occupant (studio libre entre deux locations par des étudiants par exemple) ne peut pas demander le bénéfice de la procédure administrative d'expulsion, puisqu'il n'utilise pas ce bien comme son domicile.

C. La procédure administrative en cas de péril
Cette évacuation est une mesure de sécurité publique, prise par l'autorité publique compétente (le maire, au titre de ses pouvoirs de police générale, ou le préfet, dans les cas prévus

par le code général des collectivités territoriales) afin d'ordonner et de faire exécuter, si nécessaire avec le concours de la force publique, la libération physique de locaux, compte tenu des risques encourus par les occupants ou le public.
Ce doit être une mesure justifiée par l'urgence. L'évacuation, souvent temporaire, est sans incidence sur les titres d'occupation des personnes résidant dans les locaux concernés.
Lors d'une intervention de police face à des squatters, le brigadier de police devra être très attentif à tout élément qu'il pourrait constater et qui établit un péril : poutre menaçant de tomber du plafond, installation électrique dégradée de sorte qu'elle est manifestement la cause d'un risque d'électrocution ou d'incendie, etc. Il en référera sans tarder à la hiérarchie et en rendra compte par écrit, afin que l'autorité administrative s'appuie sur ce document pour prendre la décision urgente.

III. La répression des agissements des « squatters »

Les principes devant guider l'action de la police en matière d'intervention face à des squatters découlent essentiellement des articles 226-4, 432-8 (violation de domicile par personne dépositaire de l'autorité publique) et 322-1 à 322-4 (destruction, dégradations et détériorations ne présentant pas de danger pour les personnes) du code pénal.
On notera cependant que c'est l'infraction prévue à l'article 226-4 qui permet aux policiers de disposer des moyens d'intervention les plus complets.
Article 226-4 du code pénal : « L'introduction ou le maintien dans le domicile d'autrui à l'aide de manœuvres, menaces, voies de fait ou contrainte, hors les cas où la loi le permet, est puni d'un an d'emprisonnement et de 15 000 euros d'amende. »
En effet, deux agissements sont réprimés par ce texte, à savoir l'introduction dans un domicile et le maintien dans ce lieu. Or, si le premier est un acte de durée limitée, le second constitue un délit continu, permettant dès lors un recours évident au cadre juridique du flagrant délit.
En application de ces dispositions, les services de police, sur réquisition du chef de maison, peuvent, lorsque les éléments constitutifs des infractions sont réunis (recours par les auteurs à des manœuvres, menaces, voies de fait ou contrainte), intervenir et procéder à l'interpellation de leurs auteurs.
Nota : Il ne s'agit pas d'un mode d'expulsion : Les forces de police peuvent uniquement interpeller les auteurs du délit.
Le non-respect de ces dispositions serait lui-même constitutif, de la part des forces de police, d'un délit de violation de domicile.
Rien n'interdit cependant de faire coexister une procédure pénale flagrante pour les faits visés à l'article 226-4 et une procédure administrative d'expulsion ci-dessus décrite.

IV. Mise à disposition illicite d'un bien immobilier appartenant à autrui à un tiers

L'article 313-6 du code pénal sanctionne les personnes qui mettent à la disposition d'un tiers, sans autorisation et moyennant rémunération, des logements qui ne leur appartiennent pas. Il s'agit de réprimer les personnes qui profitent des trafics de squats organisés.
L'infraction est punie d'un an d'emprisonnement et de 150 000 euros d'amende.

» Document 11

Les correspondants sûreté

Le contexte d'activité

La prévention situationnelle s'inscrit dans le cadre de la stratégie opérationnelle de lutte contre la délinquance. Introduite par l'article 11 de la loi n° 95-73 d'orientation et de programmation sur la sécurité du 21 janvier 1995 et réaffirmée par l'annexe 1 de la loi d'orientation et de programmation pour la sécurité intérieure n° 2002-1094 du 29 août 2002, elle recouvre « l'ensemble des mesures d'urbanisme, d'architecture ou techniques visant à prévenir la commission d'actes délictueux ».

Mise en pratique par les services territoriaux de la sécurité publique à partir de la note de service n° 127 du 3 octobre 2007, elle induit une dimension analytique des cibles potentielles suivie de préconisations concrètes destinées à retarder, voire contenir, la commission des principaux actes malveillants, notamment les vols.

Les services territoriaux de la sécurité publique sont, par leur positionnement naturel et leur connaissance des secteurs les plus sensibles, les acteurs majeurs de la prévention situationnelle. Les référents sûreté, rattachés le plus souvent à l'état-major de leur DDSP, apportent leur contribution aux structures publiques ou privées qui présentent un intérêt opérationnel.

Dans le domaine de la prévention technique de la malveillance, la sécurité publique intervient de trois façons : par la réalisation de consultations ou de diagnostics de sûreté et par l'examen des études de sûreté et de sécurité publique.

L'examen des enquêtes de sûreté publique (ESSP) vise à la validation d'une étude réalisée par un tiers (municipalité, promoteur, architecte ou cabinet d'audit) au sein d'une commission préfectorale. C'est le seul cas de saisine obligatoire d'un référent sûreté et peut prendre plusieurs semaines, de la demande à la restitution.

Plus sommaire, la consultation de sûreté se traduit par l'expression de conseils, formulés oralement au demandeur (commerçant, artisan, particulier...).

L'accroissement des sollicitations ainsi que la compétence territoriale parfois étendue des référents, ont notamment conduit à décliner la nouvelle fonction de correspondant sûreté.

La note DCSP/SD-ST/DAVP n° 3348 du 6 mars 2009 relative à l'emploi des référents sûreté ainsi que la note DCSP n° 00132 du 25 août 2009 relative au plan de lutte contre les vols avec effraction prévoient respectivement la formation ou la sensibilisation systématique de correspondants sûreté dans chaque circonscription, en fonction des spécificités locales. L'objectif est, notamment, de mieux faire face à une recrudescence des VMA au préjudice des petits commerces. Une prévention efficiente des cambriolages perpétrés au domicile des particuliers est aussi visée.

La formation

Au cours de l'année 2009 et conformément aux instructions visées supra, 259 correspondants sûreté ont été formés (répartis sur 24 DDSP).

L'apport d'une mallette pédagogique, actuellement en voie de finalisation et de validation par la DGPN devrait véritablement lancer et uniformiser cette action.

La formation des correspondants sûreté vise la thématique de la consultation de sûreté, niveau 1 de la formation nationale en matière de prévention situationnelle. Elle s'inscrit dans le cadre de la diffusion de la doctrine du ministère de l'Intérieur en matière de prévention technique de la malveillance.

Conçue pour n'être dispensée que par les seuls référents sûreté de la police et de la gendarmerie nationales ayant suivi et validé l'ensemble de la formation nationale, elle n'est destinée qu'à un public interne à ces deux institutions.

Son objectif est de transmettre de bonnes pratiques, validées au niveau national, tant sur le plan déontologique, méthodologique, technique que pratique.

Cette formation de deux jours est généralement dispensée par le référent sûreté, en partenariat avec le service local (CDSF) ou régional (DRRF) de formation. Elle s'adresse à un auditoire limité (8-10 stagiaires au maximum), et porte sur les thématiques suivantes :

- introduction à la prévention technique de la malveillance ;
- mise en situation à partir d'une étude de cas sur le thème d'un immeuble d'habitation ;
- mise en situation à partir d'une étude de cas sur le thème d'un commerce de quartier et d'un débit de tabac ;
- mise en situation à partir d'une étude de cas sur le thème d'un hôtel ;
- exposé méthodologique de la consultation de sûreté ;
- exposé sur le cadre déontologique de la mission ainsi que l'étude d'un devis ;
- module juridique ;
- exposé des notions de sûreté, méthodologie d'analyse de risque, stratégie et recommandations de défense ;
- aspects techniques ;
- descriptif sur les technologies relatives aux portes, fenêtres, vitrages, coffres-forts.

Les compétences

En raison d'une formation limitée aux premières notions de la prévention technique de la malveillance, la compétence des correspondants sûreté est limitée aux seules consultations de sûreté.

Il en résulte que les diagnostics et autres ESSP demeurent l'apanage des référents sûreté, sans aucune exception. Il en va de même de l'étude des dossiers de demande d'implantation de dispositifs de vidéoprotection destinés à la commission départementale de vidéosurveillance.

Il convient néanmoins de souligner que lesdites consultations, dont les correspondants sûreté pourront être délégataires, représentent la majeure partie de l'activité quantitative des référents (1 329 actions sur un total de 1 496 réalisées en 2009).

Alors que ces derniers sont amenés à recentrer leur activité sur les ESSP et les diagnostics de sûreté, les correspondants ainsi formés viendront utilement les assister dans la conduite des consultations de sûreté.

≫ Document 12

À Paris, des squats d'artistes sortent doucement de l'illégalité

À Paris, les squats artistiques, espaces vides occupés à des fins de création, sortent peu à peu de l'illégalité grâce à des conventions avec la ville qui leur permettent de disposer légalement et temporairement de bâtiments vides.
Marie Barrot, du collectif la Main Jaune, n'en revient toujours pas. « On pensait se retrouver face au mur de l'administration, au lieu de ça, on nous a écoutés... Incroyable ! », s'étonne-t-elle en évoquant la convention d'occupation signée entre son collectif et la mairie de Paris. C'est avec le cas emblématique du « 59 Rivoli » – une grande maison bourgeoise au cœur de la grande rue commerçante de la capitale dont les occupants illégaux avaient interpellé les candidats à l'élection municipale de 2001 –, que les artistes précaires ont fait irruption dans le débat public. « Il faut que chaque mètre carré disponible soit occupé !, déclare l'adjoint à la culture à la mairie de Paris, Bruno Julliard. Aujourd'hui, on a une politique volontariste : on essaie d'aider ces collectifs qui manquent d'espace alors qu'il y a des bâtiments vides », explique-t-on dans son entourage. Des bâtiments vacants appartenant à la ville de Paris mais qui ne sont pas adaptés au logement sont proposés temporairement à des groupements d'artistes, pour un loyer symbolique. Porte de Bagnolet, dans les rues en pente du 20e arrondissement parisien, l'association Curry-Vavart s'est installée dans une ancienne carrosserie rachetée par la ville en 2005. Vincent Prieur, professeur d'arts plastiques et président de l'association, fait visiter les 500 m² que le collectif loue à la ville pour 214 euros par mois depuis un an. « Si je n'étais pas ici, je n'aurais pas d'atelier », glisse Amélie, artiste plasticienne. En ce matin d'octobre, le froid pénètre la salle de répétition théâtrale, qui jouxte un atelier de sérigraphie. « On n'a pas le chauffage ici, s'excuse Vincent, il y a eu des travaux de mise aux normes, mais ça reste précaire... C'est normal, nous sommes là provisoirement. » La mise aux normes a coûté quelque 30 000 euros à la ville – le coût moyen des travaux pour chaque bâtiment conventionné. « Mais la mairie n'a pas à payer de gardiennage, qui lui coûterait plusieurs milliers d'euros par mois si le local était vide », souligne Vincent. Si les artistes de Curry-Vavart approuvent l'initiative de la mairie, d'autres sont plus critiques. Alexandre Gain, du collectif Point G, en attente d'une convention avec la ville, y voit « un peu de démagogie » et « une manière de garder une mainmise ». « Nous, on a l'air gentils, on fait pas peur aux petites vieilles, du coup la mairie nous aide », lâche-t-il. « C'est pas ça du tout qu'on regarde !, répond-on au cabinet de Bruno Julliard. Si un punk à crête venait me voir avec un projet cohérent, je chercherais à l'aider », assure-t-il. Les collectifs déjà conventionnés assurent qu'il n'y a pas d'ingérence, « mais un accompagnement dans la confiance, souligne Marie Barrot. On nous fait confiance pour gérer un lieu, c'est très valorisant », s'émeut-elle. « C'est le cœur du problème : la confiance qu'on a par rapport à un groupe, à son utilisation d'un bâtiment, et à son engagement à libérer les lieux le moment venu », confirme Vincent Prieur. Cette confiance permet aux artistes une « création plus sereine », souligne-t-il, délivrée de l'épée de Damoclès de l'expulsion. À la mairie, on aimerait voir cette aide s'étendre à des bâtiments vides appartenant à l'État. Et pourquoi pas au marché des propriétaires privés, osent rêver certains artistes ?

Corrigé

Analyse du sujet et des documents

Ce sujet renvoie à une problématique assez répandue en sécurité publique. La difficulté réside ici dans la nécessité d'envisager l'ensemble des aspects de la problématique et de travailler en coordination avec tous les acteurs concernés. Le libellé donnait, en ce sens, de précieuses indications en déclinant « ***les dimensions de l'activité de police : judiciaire, administrative et partenariale, ainsi que la communication*** ».

Faites également bien attention aux différents types de populations hébergées dans les squats, qui impliquent un traitement adapté à chacun d'entre eux.

Dans la lecture et l'analyse des documents, ne perdez pas de temps sur les feuillets de statistiques de la délinquance (feuillets 1 à 4) : ils ne vous apporteront que peu d'informations utiles au traitement du sujet.

Proposition de plan d'action

Le plan doit être décliné en plusieurs phases.

Période préparatoire :

- lister précisément les appartements squattés ;
- faire un état exact de la situation de chaque appartement (dates de vacances et de squat, bailleur ou syndic, état de la procédure éventuelle, profil des occupants) ;
- sensibiliser les bailleurs et syndics à la question de la prévention des squats : efforts pour limiter les moyens d'accès aux appartements, vérifier quotidiennement l'absence de squatters dans les appartements vacants, informations sur la possibilité d'intervention de la police en cas de flagrant délit (dégradations…). Le rôle des correspondants sûreté sera ici prépondérant ;
- dans le même temps, à l'aide des indicateurs statistiques, intensifier les rondes et patrouilles (surveillances, présence dissuasive, contrôles d'identité et interpellations) dans les secteurs les plus criminogènes et aux horaires les plus concernés. À cette fin, il convient de solliciter de tous les bailleurs et syndics des immeubles concernés une réquisition permanente ;
- s'agissant des squats, procéder à l'interpellation des auteurs de dégradations, tout en veillant à ne pas procéder à des expulsions « de fait » ;
- le trafic de stupéfiants doit être démantelé (enquête judiciaire à la demande du parquet, qui sera sensibilisé dans le cadre de la situation globale du quartier) ;
- si besoin était, redéploiement de la vidéosurveillance sur le secteur concerné.

Préparation des dossiers d'expulsion des squats : comme le précise le libellé du sujet, il existe trois catégories de squatters : la population défavorisée (dont le relogement doit être envisagé prioritairement), les jeunes marginaux qui sont dans un schéma délinquant ou prédélinquant, les artistes (auxquels la mairie pourrait éventuellement proposer des ateliers ou des solutions provisoires pour exposer leurs œuvres). Dans ce contexte, la collaboration partenariale sera ici essentielle, notamment avec les services de la mairie.

Phase judiciaire des expulsions des squats :
- cette phase appartiendra aux bailleurs et syndics concernés, mais il convient que ceux-ci informent régulièrement le commissariat de l'état des procédures engagées. Le juge est le seul habilité à décider de l'expulsion des squatters ;
- une procédure judiciaire doit être diligentée en cas d'escroquerie aux logements illégaux, de dégradations volontaires, de menaces de dégradations, d'introduction illicite dans le domicile (voir les articles du code pénal mentionnés dans le dossier) ;
- si besoin était, le préfet peut faire évacuer le logement indûment occupé (mise en demeure de quitter les lieux). Par ailleurs, dans le cas ici présent, la notion de péril ne semble pas pouvoir être retenue.

Recours à la force publique :
- le recours à la force publique doit être préparé dans la plus totale discrétion et à des horaires limitant la présence éventuelle de rassemblements de soutien (opérations envisagées tôt le matin) ;
- s'assurer de la présence de chiens détecteurs de stupéfiants et mise en alerte d'une équipe judiciaire afin de pouvoir diligenter d'éventuelles procédures en flagrant délit ;
- la logistique des partenaires extérieurs doit être également sollicitée : serruriers en nombre suffisant, effectifs de la police municipale, présence des bailleurs et syndics, présence d'élus municipaux…

Actions de communication :
- en cas de résultats significatifs des opérations de lutte contre le trafic de stupéfiants, procéder à une conférence de presse en compagnie de l'autorité judiciaire ;
- les principaux médias locaux, en particulier la presse quotidienne régionale, seront tenus informés des résultats des opérations d'expulsion de squats, notamment au moyen de communiqués de presse et d'une éventuelle conférence de presse ;
- si le déroulement des opérations le permet, il serait utile que le reportage de la chaîne de télévision nationale soit « orienté » non vers le problème des squats et le mécontentement corrélatif de la population, mais plutôt vers la résolution par la police nationale et ses partenaires du problème des squats.

2. Sujet inédit n° 2

Sujet

Récemment affecté en tant que chef de la circonscription de sécurité publique de Saint-Martin dans les Côtes-d'Armor, vous êtes rapidement confronté à la problématique de l'accueil du public dans votre service. Délais d'attente importants, refus récurrents de prise de plainte, propos parfois déplacés, locaux vétustes et inadaptés sont autant de facteurs qui dégradent la qualité globale de l'accueil du public.
En vous appuyant sur les documents joints, vous préparerez à l'attention de votre hiérarchie départementale un plan de propositions destinées à améliorer l'accueil du public dans votre service. Vos propositions devront inclure tous les aspects de ce problème : organisation du service, instructions à diffuser, formation des effectifs, communication externe et interne, partenariat. Votre proposition devra par hypothèse reposer sur un effectif constant, tant pour le service que pour l'accueil proprement dit.
Vous adopterez la forme de votre choix, en cherchant à trouver les arguments pour convaincre votre hiérarchie du bien-fondé de vos propositions.

DOSSIER DOCUMENTAIRE

- Document 1 : Lettre du 4 janvier 2016 du député-maire de la commune de Saint-Martin au commissaire chef de la circonscription.
- Document 2 : Signalement sur la plate-forme de l'IGPN.
- Document 3 : Rapport d'évaluation de l'IGPN sur l'accueil du public du 23 septembre 2015.
- Document 4 : Extrait du rapport annuel du défenseur des droits 2012.
- Document 5 : Extraits du référentiel Marianne.
- Document 6 : Charte d'accueil du public.
- Document 7 : Extraits du code de déontologie de la police nationale et de la gendarmerie nationale.
- Document 8 : Note de service DCSP du 1er juin 2015 : bilan des contrôles inopinés de l'IGPN réalisés en 2014 sur l'accueil du public dans les circonscriptions de sécurité publique.
- Document 9 : Note de service DCSP du 20 décembre 2012 : généralisation de la pré-plainte en ligne.
- Document 10 : Note DCSP du 13 janvier 2004 : accompagnement en formation du plan d'action pour un dispositif rénové et renforcé d'accueil du public et d'assistance aux victimes.

Cas pratique

- **Document 11 :** Note DCSP du 18 février 2005 : Les correspondants départementaux « aide aux victimes ».
- **Document 12 :** Article sur le site de la mairie de Colombes.
- **Document 13 :** Article de *La Voix du Nord* : « L'accueil du commissariat central de Lille : une gare de triage ».
- **Document 14 :** Plaquette DDSP Loir-et-Cher.

» Document 1

Le député-maire

Saint-Martin, le 4 janvier 2016,

Madame (Monsieur) le Commissaire,

Je vous remercie de votre sympathique message de vœux et en retour je vous prie de bien vouloir recevoir les vœux que je forme en mon nom personnel et au nom de toute l'équipe municipale de Saint-Martin pour vous-même et l'ensemble du personnel de votre commissariat.

Puisque nous sommes à l'époque des vœux, je veux en formuler un particulier dont nous nous sommes entretenus lors de notre première rencontre, il s'agit d'un sujet qui me tient particulièrement à cœur : l'accueil du public.

Plusieurs administrés de Saint-Martin m'ont fait part de la mauvaise qualité de l'accueil qui leur a été réservé lors de leurs démarches au commissariat. Je précise que la personne en charge de l'accueil aux heures ouvrables est prévenante et à l'écoute du public et qu'elle n'est pas la cible des griefs qui me reviennent. En revanche, plusieurs témoignages attestent d'une attente jugée parfois insupportable pour pouvoir déposer plainte, de refus de prises de plainte inexplicables ainsi que de comportements et de propos inacceptables de certains fonctionnaires, notamment la nuit.

Je compte sur vous pour améliorer cette situation.

Le secrétaire général de la mairie se tient à votre disposition pour vous apporter le concours des services municipaux dans cette tâche.

Le député-maire

» Document 2

Email(s) reçu(s) :
Date email : 08/01/2016 à 10 : 37 : 76
Expéditeur : noreply@interieur.gouv.fr
Destinataire : igpn-signalement@interieur.gouv.fr
Cc :
Ccl :
Sujet : [INTERNET] Formulaire de contact : Signalement IGPN
Contenu :

Formulaire de contact

Les données suivantes ont été recueillies *via* le formulaire « Signalement IGPN » : Je reconnais avoir pris connaissance de ces avertissements Situation du déclarant ; Civilité ; Nom ; Prénom ; Date de naissance ; Lieu de naissance ; Adresse postale ; Ville de résidence ; Code postal de résidence ; Adresse courriel ; Téléphone ; Date des faits (format : jj/mm/aaaa) ; Heure (format : 12 : 17) ; Adresse Ville ; Code postal des faits ; Résumé ; Documents vidéo, photo ou audio disponibles ; Autres témoins des faits ; Souhaitez vous être informé des suites données à votre signalement ? ; Collecteur IP.

Oui,
Victime,
Monsieur,
Nonyme,
André
29 février 1965,
Saint-Martin, Côtes d'Armor,
5 rue Verte,
Saint-Martin,
22999,
a.nonyme@free.fr,
06 22 22 22 22,
21 décembre 2015,
19 heures,
Commissariat de police,
Saint-Martin,
22999.

Bonjour, je vous adresse ce message pour vous faire part de mon grand mécontentement face à l'accueil qui m'a été réservé le lundi 21 décembre au commissariat de St-Martin. Je suis un honnête commerçant du centre-ville et, durant le week-end, la façade de mon commerce a été dégradée, couverte d'inscriptions injurieuses. Après avoir contacté mon assurance, celle-ci m'indiquait que je devais déposer plainte préalablement à toute démarche d'indemnisation. Je me présente donc dans la soirée au commissariat où, après avoir exposé le motif de ma présence, j'ai dû attendre près d'une heure avant d'être reçu. Durant ce délai, j'ai pu sans difficulté entendre les propos de Madame Dupont qui se plaignait à nouveau des violences qu'elle subissait de la part de son époux… Manifestant mon impatience, je me suis fait répondre vertement par le gradé présent qu'il y avait du monde devant moi et que les fonctionnaires avaient d'autres priorités sur la voie publique. Je me demande si la pause-café faisait partie de ces priorités, vu le nombre de fonctionnaires que j'ai aperçu par l'entrebâillement de la porte de la salle de repos. Me trouvant enfin en présence du policier chargé de prendre ma plainte, celui-ci après m'avoir distraitement écouté m'explique que les faits dénoncés ne relèvent pas du code pénal, mais du code civil et qu'il ne peut prendre ma plainte. Je lui indique que mon assurance m'a demandé de faire ce dépôt de plainte mais il me rétorque que ce ne sont pas les assureurs qui dirigent la police. Tout au plus consent-il à enregistrer une déclaration de main courante, ce que je me résous à faire devant son attitude bornée. Je ressors du commissariat deux heures après y être arrivé, sans finalement avoir pu arriver à mes fins. Le lendemain mon assurance me confirme que c'est bien un dépôt de plainte et non une main courante qui doit être rédigée. Je contacte le député-maire qui me fait part de son mécontentement ajoutant que je ne suis pas le premier à me plaindre de cet accueil auprès de lui. Je souhaitais porter à votre connaissance cette situation et espère contribuer ainsi à une amélioration de la qualité de ce service public que, par ailleurs, je respecte et admire.

Plate-forme signalement IGPN08/01/2016

» Document 3

IGPN
INSPECTION GÉNÉRALE
DE LA POLICE NATIONALE

Évaluation globale de l'enquête
sur l'accueil du public
(contrôle inopiné)

Service contrôlé :
Date du contrôle : 23/09/2015
Contrôleur : Commissaire de police

Points contrôlés :

- locaux et horaires d'ouverture ;
- dispositif d'accueil ;
- questionnaire de satisfaction du public ;
- modalités de prise de plaintes ;
- pré-plainte en ligne ;
- dispositif d'accompagnement des victimes ;
- délais de traitement des courriers et courriels des usagers ;
- déclarations d'usagers dans la MCI ;
- appels au standard, appels 17.

Recommandations de l'auditeur :

- rappel éventuel des recommandations immédiates déjà formulées lors du contrôle :
- activer le dispositif d'accès afin d'organiser un filtrage actif du public dans le cadre du plan VIGIPIRATE,
- faire poser une bande de confidentialité,
- mettre en place un affichage relatif à la pré-plainte en ligne (PPEL),
- organiser la PPEL par note de service en prévoyant une veille hors heures ouvrables pour détecter les éventuels cas d'urgence,
- renseigner le registre d'accueil hors heures ouvrables ;
- recommandations complémentaires
- favoriser l'utilisation (communication) de la PPEL afin de fluidifier l'accueil des plaignants.

Évaluation globale de l'enquête sur l'accueil dans les services de police :

- Vert :
- Jaune :
- Orange :
- Rouge :

Signature de l'auditeur
IGPN, cabinet des instructions et des audits.
igpn-cia@interieur.gouv.fr

» Document 4

Activité de sécurité en cause dans les réclamations traitées en 2012

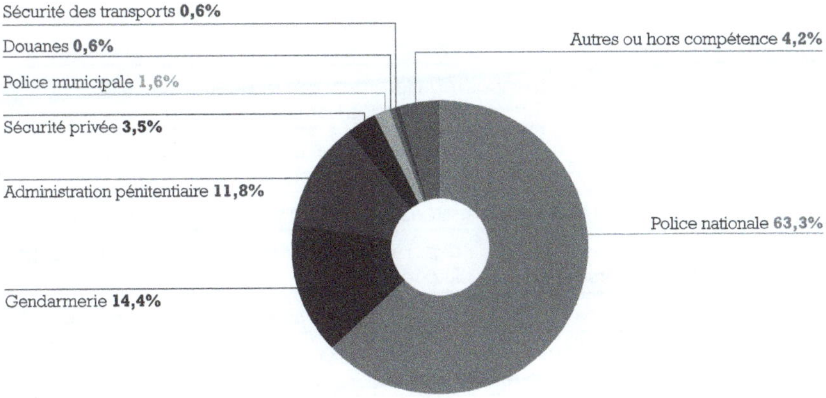

Objets des réclamations traitées en 2012

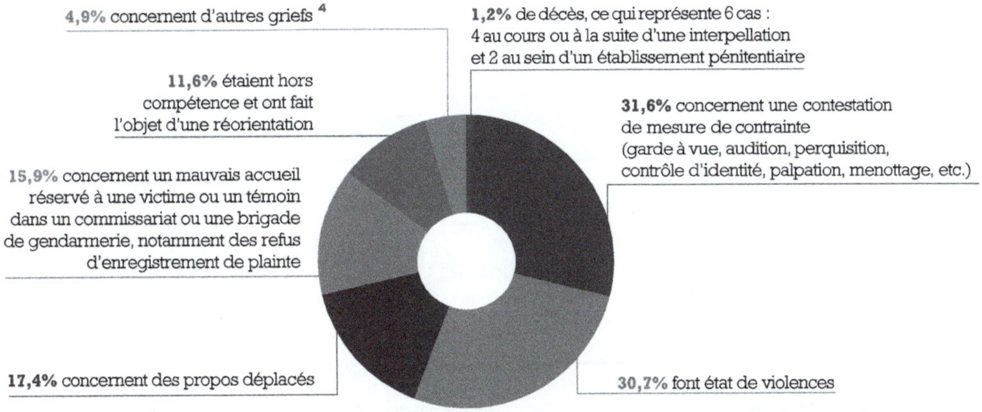

» Document 5

Liste des engagements de service

Les exigences réglementaires et ministérielles sont prioritaires par rapport aux exigences au référentiel.

Vous souhaitez des services plus disponibles : nous nous engageons à optimiser nos conditions d'accès en fonction de vos besoins.	1 – Nous menons régulièrement des enquêtes permettant de connaître vos attentes et d'adapter nos horaires d'ouverture.
	2 – Nous vous informons sur les conditions d'accès et d'accueil dans nos services et de manière systématique lors de chaque changement.
	3 – Nous vous orientons vers le bon service et vous prenons en charge.
	4 – Nous facilitons l'accomplissement des démarches pour les personnes à mobilité réduite.
	5 – Nous accueillons de manière adaptée les personnes en difficulté.
Vous attendez un accueil plus attentif : nous nous engageons à vous recevoir avec courtoisie et efficacité.	6 – Nous vous accueillons avec courtoisie et nous vous donnons le nom de votre interlocuteur.
	7 – Nous facilitons la constitution de vos dossiers.
	8 – Nous veillons au confort de nos espaces d'accueil et d'attente.
Vous souhaitez un traitement plus rapide de vos demandes : nous nous engageons à vous répondre dans les délais annoncés.	9 – Nous sommes attentifs à la lisibilité et à la clarté de nos courriers et courriels
	10 – Nous traitons vos courriers dans un délai maximum de 15 jours ouvrés.
	11 – Nous traitons vos courriels dans un délai maximum de 5 jours ouvrés.
	12 – Nous prenons en charge vos appels téléphoniques en moins de 5 sonneries et nous les traitons.
Vous attendez que vos suggestions et réclamations soient mieux prises en compte : nous nous y engageons.	13 – Nous répondons dans un délai maximum de 15 jours ouvrés à toutes vos suggestions et réclamations portant sur le respect de nos engagements.
Vous attendez plus d'écoute : nous nous engageons à vous solliciter pour progresser.	14 – Nous mesurons annuellement votre satisfaction et nous vous informons des résultats
Pour respecter nos engagements, nous améliorons notre organisation et faisons évoluer nos compétences.	15 – Nous exprimons notre politique d'accueil et nous impliquons notre personnel.
	16 – Nous organisons notre documentation pour apporter des informations exactes et à jour aux usagers.
	17 – Nous surveillons régulièrement le respect de nos engagements.
	18 – Nous évaluons régulièrement nos pratiques avec une volonté d'amélioration continue.
	19 – Nous réalisons un bilan annuel et lançons de nouvelles actions d'amélioration de l'accueil et ces services rendus.

» Document 6

Accueil du public – assistance aux victimes

« Une démarche qualité »
Les dispositions de la loi d'orientation et de programmation pour la sécurité intérieure du 29 août 2002 prévoient l'engagement des services de la police nationale et de la gendarmerie nationale dans une démarche de qualité :
«… l'accueil, l'information et l'aide aux victimes sont pour les services de sécurité intérieure une priorité »
Cette priorité se traduit concrètement par la mise en place d'une charte de *l'accueil du public et de l'assistance aux victimes.*
Notre volonté est de garantir au public, et particulièrement aux victimes, un accueil attentif et une prise en compte rapide des demandes exprimées.
Viser l'excellence en plaçant résolument l'usager au centre de nos préoccupations et de notre fonctionnement, tel est notre objectif.

Notre charte
Article 1 : L'accueil du public constitue une priorité majeure pour la police nationale et la gendarmerie nationale.
Article 2 : L'assurance d'être écouté à tout moment par une unité de la gendarmerie nationale ou un service de la police nationale, d'être assisté et secouru constitue un droit ouvert à chaque citoyen.
Article 3 : La qualité de l'accueil s'appuie sur un comportement empreint de politesse, de retenue et de correction. Elle se traduit par une prise en compte immédiate des demandes du public.
Article 4 : Les victimes d'infractions pénales bénéficient d'un accueil privilégié.
Article 5 : Les services de la police nationale et de la gendarmerie nationale sont tenus de recevoir les plaintes déposées par les victimes d'infractions pénales, quel que soit le lieu de commission.
Article 6 : Tout signalement d'une disparition de personne fait l'objet d'une attention particulière et d'un traitement immédiat.
Article 7 : Les services de la police nationale et les unités de la gendarmerie nationale veillent à informer le plaignant des actes entrepris à la suite de sa déposition et de leurs résultats.
Article 8 : Dans le seul but d'identifier les auteurs d'infractions, des informations relatives aux victimes peuvent être enregistrées dans certains fichiers de police judiciaire.
Toute victime peut :
- obtenir communication de ces données,
- demander, en cas d'erreur, leur rectification ou leur suppression.

Ces droits s'exercent indirectement auprès de la Commission nationale de l'informatique et des libertés (CNIL) 8, rue Vivienne 75083 Paris CEDEX 02.
Le procureur de la République territorialement compétent peut aussi être saisi.
Sur simple demande orale ou écrite, une notice[2] détaillant les modalités pratiques de ces droits est remise aux victimes.
En cas de condamnation définitive de l'auteur, la victime peut aussi s'opposer à la conservation dans le fichier des informations la concernant en s'adressant au service de police ou de gendarmerie compétent mentionné dans la notice susvisée.

2. La notice d'information est diffusée à l'ensemble des services de police et unités de gendarmerie.

» Document 7

Titre II : Dispositions communes à la police nationale et à la gendarmerie nationale

Chapitre Ier
Relation avec la population et respect des libertés
Article R. 434-14 – Relation avec la population
Le policier ou le gendarme est au service de la population.
Sa relation avec celle-ci est empreinte de courtoisie et requiert l'usage du vouvoiement.
Respectueux de la dignité des personnes, il veille à se comporter en toutes circonstances d'une manière exemplaire, propre à inspirer en retour respect et considération.
Article R. 434-15 – Port de la tenue
Le policier ou le gendarme exerce ses fonctions en uniforme. Il peut être dérogé à ce principe selon les règles propres à chaque force.
Sauf exception justifiée par le service auquel il appartient ou la nature des missions qui lui sont confiées, il se conforme aux prescriptions relatives à son identification individuelle.
Article R. 434-16 – Contrôle d'identité
Lorsque la loi l'autorise à procéder à un contrôle d'identité, le policier ou le gendarme ne se fonde sur aucune caractéristique physique ou aucun signe distinctif pour déterminer les personnes à contrôler, sauf s'il dispose d'un signalement précis motivant le contrôle.
Le contrôle d'identité se déroule sans qu'il soit porté atteinte à la dignité de la personne qui en fait l'objet.
La palpation de sécurité est exclusivement une mesure de sûreté. Elle ne revêt pas un caractère systématique. Elle est réservée aux cas dans lesquels elle apparaît nécessaire à la garantie de la sécurité du policier ou du gendarme qui l'accomplit ou de celle d'autrui. Elle a pour finalité de vérifier que la personne contrôlée n'est pas porteuse d'un objet dangereux pour elle-même ou pour autrui.
Chaque fois que les circonstances le permettent, la palpation de sécurité est pratiquée à l'abri du regard du public.
Article R. 434-17 – Protection et respect des personnes privées de liberté
Toute personne appréhendée est placée sous la protection des policiers ou des gendarmes et préservée de toute forme de violence et de tout traitement inhumain ou dégradant.
Nul ne peut être intégralement dévêtu, hors le cas et dans les conditions prévues par l'article 63-7 du code de procédure pénale visant à la recherche des preuves d'un crime ou d'un délit.
Le policier ou le gendarme ayant la garde d'une personne appréhendée est attentif à son état physique ou psychologique et prend toutes les mesures possibles pour préserver la vie, la santé et la dignité de cette personne. L'utilisation du port des menottes ou des entraves n'est justifiée que lorsque la personne appréhendée est considérée soit comme dangereuse pour autrui ou pour elle-même, soit comme susceptible de tenter de s'enfuir.

Article R. 434-18 – Emploi de la force

Le policier ou le gendarme emploie la force dans le cadre fixé par la loi, seulement lorsque c'est nécessaire, et de façon proportionnée au but à atteindre ou à la gravité de la menace, selon le cas.

Il ne fait usage des armes qu'en cas d'absolue nécessité et dans le cadre des dispositions législatives applicables à son propre statut.

Article R. 434-19 – Assistance aux personnes

Lorsque les circonstances le requièrent, le policier ou le gendarme, même lorsqu'il n'est pas en service, intervient de sa propre initiative, avec les moyens dont il dispose, notamment pour porter assistance aux personnes en danger.

Article R. 434-20 – Aide aux victimes

Sans se départir de son impartialité, le policier ou le gendarme accorde une attention particulière aux victimes et veille à la qualité de leur prise en charge tout au long de la procédure les concernant. Il garantit la confidentialité de leurs propres déclarations.

» Document 8

Ministère de l'Intérieur

DIRECTION GÉNÉRALE
DE LA POLICE NATIONALE
DIRECTION CENTRALE
DE LA SÉCURITÉ PUBLIQUE
N° : 000019
ELISE SP-2015-03761-D
J\DPP\Accueil et Assistance aux victimes\Accueil\Audis Accueil IGPN\Note de service – IGPN 2014 odl
Affaire suivie par :

Paris, le 1er juin 2015

NOTE DE SERVICE
à
Mesdames et Messieurs les directeurs départementaux
de la sécurité publique
S/c de Mesdames et Messieurs les préfets
(y compris DOM)
S/c de Monsieur le préfet de police des Bouches-du-Rhône
S/c de Mesdames et Messieurs les préfets délégués pour la défense et la sécurité
Messieurs les directeurs de la sécurité publique
S/c de Monsieur le haut-commissaire
de la République en Nouvelle Calédonie
S/c de Monsieur le haut-commissaire
de la République en Polynésie française

Objet : Bilan des contrôles inopinés de l'IGPN réalisés en 2014 sur l'accueil du public dans les circonscriptions de la sécurité publique.

La charte de l'accueil du public et d'assistance aux victimes a obtenu en 2011 le référentiel Marianne, socle de référence de la qualité de l'accueil des services de l'État.
Dans le cadre de ce référentiel, les contrôles portant sur l'accueil du public dans les services de police constituent une priorité majeure et un engagement de la police nationale.
En 2014, l'inspection générale de la police nationale a réalisé 117 contrôles de manière inopinés, en semaine comme le week-end, de jour comme de nuit. Les éléments suivants ressortent du bilan communiqué à la direction centrale de la sécurité publique :

- l'accueil est jugé très satisfaisant dans 70 % des sites par l'IGPN, bien que 25 % des bâtiments intégrant des locaux d'accueil soient vétustes ou dégradés ;
- des brochures d'information sont majoritairement mises à la disposition des usagers et la charte d'accueil du public est affichée dans 96 % des services ;
- 73 % des personnes interrogées considèrent que les conditions de confidentialité sont satisfaisantes au niveau de l'accueil ;

- le temps d'attente est considéré comme satisfaisant par 82 % des personnes interrogées ;
- les personnels chargés de l'accueil sont jugés impliqués ou corrects dans 97 % des cas ;
- l'IGPN a constaté que la majorité des récépissés de dépôt de plainte comporte les coordonnées d'associations locales d'aide aux victimes. De plus, la présence d'intervenant social ou d'un psychologue ou d'une permanence d'association au sein des services est en nette progression ;
- 97 % des victimes se sont déclarées satisfaites ou très satisfaites de la prise en charge qui leur a été réservée ;
- 93 % des personnes n'ont éprouvé aucune difficulté pour déposer plainte ;
- plus de 90 % des usagers sont satisfaits du dispositif de la pré-plainte en ligne ainsi que du délai de traitement.

Les vérifications réalisées sur les déclarations d'usagers dans la main courante informatisée, l'accueil téléphonique et les appels d'urgence « 17 » police-secours témoignent d'une bonne qualité d'écoute et du professionnalisme des opérateurs.

Je vous invite à poursuivre avec conviction les efforts que vous avez entrepris, afin de continuer à améliorer la qualité du service rendu à nos concitoyens.

Dans ce cadre, vous rechercherez, notamment, une amélioration de leur information, s'agissant, par exemple, de la signalétique urbaine, de l'affichage des horaires d'ouverture en précisant où s'adresser en cas de fermeture, des temps d'attente envisageables ou encore sur les suites données aux affaires (information uniquement en cas de résultat positif de l'enquête).

De plus, afin d'améliorer la prise en charge des victimes, il conviendra d'améliorer l'accessibilité des services, d'activer, pour les structures ne fonctionnant pas de manière continue, un renvoi vers le commissariat central ou un message téléphonique en dehors des heures ouvrables et enfin de former tous les personnels en charge de l'accueil.

La qualité de l'accueil du public est un des piliers de l'action des services de police et participe à sa valorisation notamment dans le cadre du rapprochement police-population. Je sais pouvoir compter sur votre implication dans la poursuite de l'amélioration constatée, sous le contrôle de l'IGPN qui se poursuit en 2015 sous la même forme.

Pascal Lalle

» Document 9

Ministère de l'Intérieur

DIRECTION GÉNÉRALE
DE LA POLICE NATIONALE
DIRECTION CENTRALE
DE LA SÉCURITÉ PUBLIQUE
DCSP/SDMIS/DPP/N° 0000146
Affaire suivie par : 13443

Paris, le 20 décembre 2012

NOTE DE SERVICE
à
Mesdames et Messieurs les directeurs départementaux
de la sécurité publique
S/c de Mesdames et Messieurs les préfets
(y compris DOM)
S/c de monsieur le préfet de police des Bouches-du-Rhône
Monsieur le chargé de mission
Coordonnateur des services de sécurité intérieure en Corse
Messieurs les directeurs de la sécurité publique
S/c de Monsieur le haut-commissaire
de la République en Nouvelle Calédonie
S/c de Monsieur le haut-commissaire
de la République en Polynésie française
S/c de Monsieur le préfet de Mayotte

Objet : Généralisation de la pré-plainte en ligne

Référence(s) :

- Arrêté NOR : IOCC110765A du 30 novembre 2011 portant autorisation d'un traitement automatisé de données à caractère personnel dénommée « pré-plainte en ligne ».
- Note de service DCSP n° 35 du 23 février 2012, relative au déploiement national LRPPN.

P. jointe(s) :

- Calendrier du déploiement.
- Méthodologie STIC-FCE.

L'expérimentation du dispositif de la pré-plainte en ligne (PPEL) menée sur quatre départements s'avérant concluante et les conditions techniques de la généralisation étant à présent réunie, après les tests fructueux de l'interface entre la pré-plainte en ligne et LRPPN, le comité de pilotage PPEL de la direction générale de la police nationale à partir du 7 janvier 2013, sur la base du calendrier ci-joint.

1. Objectifs et principes

Ce télé-service, commun à la police et à la gendarmerie, est destiné tant à améliorer l'accueil des victimes qu'à réduire le délai d'attente du plaignant lors d'un dépôt de plainte dans les locaux de la police.

Il est réservé exclusivement aux pré-déclarations, déposées contre auteur inconnu pour les atteintes aux biens (vols, dégradations, escroqueries, filouteries...), à l'exclusion des situations d'urgence qui nécessitent une intervention immédiate des services de police. Sont exclues de ce télé-service, les plaintes contre personne dénommée, ces dernières pouvant nécessiter une interpellation immédiate de l'auteur.

2. Description du dispositif pour les plaignants

La personne victime d'une atteinte aux biens ignorant l'identité de l'auteur de cette infraction peut effectuer une pré-déclaration par Internet selon le protocole suivant :

Via les sites www.pre-plainte-en-ligne.gouv.fr ou www.service-public.fr, le plaignant choisit le lieu de signature de sa plainte (commissariat ou gendarmerie) et remplit aussitôt un formulaire normalisé en renseignant différentes rubriques dont certaines sont obligatoires.

À l'issue de sa télé-déclaration, le plaignant reçoit un accusé de réception automatique mentionnant un numéro de dossier et le rappel du lieu de dépôt de la plainte.

La plainte ne prendra effet que lors de la signature au commissariat, cette dernière devant intervenir dans un délai maximum de 30 jours.

Parallèlement, un second message contenant la pré-déclaration est automatiquement transmis sur les boîtes fonctionnelles correspondantes du service de police sélectionné.

Le plaignant est ensuite contacté par le service de police choisi pour convenir du rendez-vous de signature, il devra alors être reçu prioritairement.

3. Traitement des pré-plaintes par les services de police :

Des boîtes de messagerie fonctionnelles dédiées ont été créées et ouvertes dans vos services, afin que les pré-déclarations de plaintes validées en ligne, fassent l'objet d'un traitement à deux niveaux, département et local.

Ces boîtes fonctionnelles ont vocation exclusive à recueillir les pré-plaintes validées en ligne par les internautes. Ces adresses de messagerie sont en effet inconnues du public lorsqu'il se connecte à l'interface en ligne et n'ont pas à être communiquées en externe, n'ayant pas pour finalité de permettre l'échange direct de correspondances entre les usagers et vos services.

A. Au niveau départemental, les messages de pré-plaintes devront faire l'objet d'une **veille** permanente assurée par le centre d'information et de commandement (CIC), ou à défaut par le service qui gère les appels 17 dans la circonscription siège du département, afin de prendre en compte les situations d'urgence qui nécessiteraient une intervention immédiate des services ou le cas échéant la mise en œuvre de mesures conservatoires des traces et indices.

Si les internautes sont bien avertis des conditions d'usage de la pré-plainte sur le site (pour les seules atteintes aux biens contre auteur inconnu, à l'exclusion des situations d'urgence), des erreurs ne sont pas impossibles, nécessitant dès lors de faire preuve de vigilance, s'agissant d'un nouveau mode de saisine de l'institution.

Dans le même esprit, vous donnerez les instructions utiles pour organiser la veille des messages afin que les actes nécessaires de police technique et scientifique soient mis en

œuvre sans délai, s'agissant tout particulièrement des télé-déclarations qui porteraient sur des vols par effraction.
Parallèlement, le correspondant départemental d'aide aux victimes assurera le suivi du dispositif et sa bonne mise en œuvre dans l'ensemble des structures d'accueil des plaignants pour le traitement des pré-plaintes.
B. Au niveau local, vous désignerez, dans chaque structure d'accueil du public concernée par les pré-plaintes en ligne, les fonctionnaires auxquels sera attribué l'accès à la boîte électronique dédiée PPEL (cf. note DCSP/SDMIS/DPP n° 5 534 du 22 mai 2012). Vous désignerez également les personnels chargés d'assurer la prise de rendez-vous avec les plaignants et de les recevoir aux moments convenus pour la finalisation de leur plainte.
Dans les 24 heures ouvrées de la réception d'un courriel de pré-plainte, le service local concerné devra en effet prendre attache avec le plaignant pour convenir du rendez-vous de signature et l'informer des pièces justificatives nécessaires dont il devra se munir. Le plaignant devra être reçu prioritairement lors de sa venue au commissariat, il est à cet égard important de veiller à ce que le délai d'attente ne dépasse pas 15 minutes.
Le fonctionnaire ainsi chargé de la prise de plainte se connectera sur LRPPN. Grâce au numéro de dossier figurant dans le message, il récupérera les données ainsi saisies par le plaignant pour préparer la plainte. L'interface développée entre la pré-plainte en ligne et LRPPN permet en effet de récupérer automatiquement les données saisies par les usagers dans le formulaire de pré-plainte en ligne afin d'éviter la double saisie des informations dans le logiciel de rédaction des procédures, sous réserve de vérification, d'ajout et de modification éventuelle.

4. Suivi statistique du dispositif
Dans l'attente de la validation du module management de LRPPN, la remontée statistique des PPEL sera réalisée à partir du STIC/FCE selon la méthodologie en annexe.
Cette remontée sera mensuelle à l'instar des autres remontées STIC, le deuxième jour ouvrable de chaque mois et donc à compter du 4 février 2013, sur la base d'un tableau Excel qui vous sera communiqué en même temps que le télégramme formalisant ces instructions.
Pour toute interrogation sur cette thématique, la division des systèmes de l'information opérationnelle de la DCSP se tient à votre disposition (01 49 27 31 72 ou 01 40 07 63 04).

5. Conservation des données personnelles :
En vertu de l'article 4 de l'arrêté ci-dessus référencé, les données nominatives relatives à la pré-plainte en ligne « sont effacées dès que la victime a signé sa plainte. Si la victime ne se rend pas au rendez-vous fixé, les données sont effacées trente jours après la réception de la déclaration ». Vous veillerez ainsi à donner les instructions nécessaires à l'effacement des messages reçus au-delà de 30 jours dans les boîtes de messagerie dédiées.

6. La formation par e-learning
Un module d'autoformation au LRPPN-PPEL à destination des personnels chargés de la prise de plainte sera mis en ligne prochainement sur la plate-forme de l'e-formation de l'INF *via* le site de la DCSP : http://dcsp.dgpn.mi/index.php/formation/liens-utiles-formation. Il explicitera aux futurs utilisateurs les nouvelles fonctionnalités PPEL intégrées dans la LRPPN. Vous serez avisé par voie électronique de la mise à disposition de cet outil pédagogique.

7. Communication

La bonne réussite du dispositif de la pré-plainte en ligne suppose également qu'une communication locale efficace soit menée à destination du public et des partenaires. Elle sera conduite à l'initiative des préfets concernés que vous ne manquerez pas d'assister dans cette démarche. Pour appuyer cette démarche, des dépliants et des affiches d'informations élaborées par la DICOM vous parviendront.

Je compte sur votre implication personnelle dans la mise en œuvre de la pré-plainte en ligne. Vous veillerez ainsi à informer et sensibiliser l'ensemble des personnels à l'existence de ce nouveau mode de saisine de l'institution.

La division de la prévention et des partenariats de la sous-direction des missions de sécurité est en charge de suivi de ce dossier et toute précision utile pourra être obtenue au 01 49 27 33 11 ou 01 49 27 32 53 ou *via* la messagerie fonctionnelle : desp-admis-preventionpartenariats@interieur.gouv.fr

Pascal Lalle

» Document 10

MINISTÈRE DE L'INTÉRIEUR,
DE LA SÉCURITÉ INTÉRIEURE ET DES LIBERTÉS LOCALES

DIRECTION GÉNÉRALE
DE LA POLICE NATIONALE
DIRECTION CENTRALE
DE LA SÉCURITÉ PUBLIQUE

Paris, le 13 janvier 2004

NOTE DE SERVICE
à
Mesdames et Messieurs les directeurs départementaux
de la sécurité publique
S/c de Mesdames et Messieurs les préfets
(y compris DOM)
S/c de Messieurs les préfets délégués pour la sécurité et la défense
S/c de Monsieur le préfet adjoint
pour la sécurité en Corse
Messieurs les directeurs de la sécurité publique
S/c de Monsieur le délégué du Gouvernement
haut-commissaire de la République en Polynésie française.
S/c de Monsieur le préfet de Mayotte

Objet : Accompagnement en formation du plan d'action pour un dispositif rénové et renforcé d'accueil du public et d'assistance aux victimes.
Référence(s) : Note DCSP/SDMIS/AVPO N° 221 du 10 novembre 2003.
P. jointe(s) : Une fiche technique.

La rénovation et l'amélioration de l'accueil dans les services de police constituent une priorité et permettront de remplacer la victime et le public au cœur des préoccupations des forces de sécurité. Aussi, il convient de concrétiser cette démarche par la professionnalisation de l'ensemble des personnels de la police.
À ce titre, la direction de la formation de la police nationale (DFPN) a été désignée chef de file pour l'accompagnement en formation du plan d'action pour un dispositif rénové et renforcé d'accueil du public et d'assistance aux victimes.
Parmi les mesures mises en œuvre, un diaporama d'accompagnement a déjà été proposé aux chefs de service chargés de remettre aux fonctionnaires de leur ressort un dépliant commentant la « *charte de l'accueil du public et de l'assistance aux victimes* ».
L'ensemble du dispositif de formation se déclinera quant à lui de la manière suivante :

1. La formation initiale
Elle intégrera dans le cadre des scolarités en cours la « *charte de l'accueil du public et de l'assistance aux victimes* » pour l'ensemble des corps de la police nationale.

2. Les formations continues spécifiques

2.1 Relatives à l'accueil du public

Une formation relative à « l'accueil du public » est en cours d'élaboration. Cette formation destinée à l'ensemble des personnels affectés à des postes d'accueil du public exerçant au sein des services de la préfecture de police de Paris, des services autoroutiers des compagnies républicaine de sécurité, des services de la police aux frontières et de la direction centrale de la sécurité publique, aura un caractère obligatoire.

La formation s'adressera en priorité aux personnels assurant en permanence cette fonction d'accueil, puis aux personnels assurant cette fonction ponctuellement.

La formation obligatoire d'une durée d'un jour (6 heures), élaborée en concertation avec l'ensemble des directions concernées, sera suivie de différents modules facultatifs et à la carte (accueil des étrangers, accueil téléphonique, etc.), qui seront confiés aux délégations régionales au recrutement et à la formation (DRRF).

Elle se déroulera en priorité sur le site de travail et sera dispensée par les correspondants d'aide aux victimes qui auront été préalablement formés par les DRRF.

Les correspondants d'aide aux victimes pourront s'appuyer sur l'expérience et l'aide des centres départementaux de stage et de formation (CDSF) et des correspondants formation départementaux (CFD) pour la programmation, la mise en œuvre et le suivi de ces actions de formation.

Afin de valoriser l'action et l'attention portée à la dimension de cette mission, la formation obligatoire devra faire l'objet d'une ouverture institutionnelle par une autorité hiérarchique (le chef de service ou un officier) selon des modalités qui seront précisées dans la mallette pédagogique distribuée à cette occasion. Je vous demande de bien vouloir veiller au respect de cette disposition.

Une expérimentation de la formation organisée par la DRRF de Paris et regroupant des fonctionnaires des quatre directions concernées aura lieu fin janvier 2004. Pour la direction centrale de la sécurité publique, cette expérimentation sera mise en œuvre par la DOSP des Yvelines. La formation des correspondants d'aide aux victimes en DRRF aura lieu fin février 2004 pour permettre un début de démultiplication vers les personnels dès le mois de mars 2004.

Pour permettre l'établissement d'un état statistique mensuel par la DFPN, cette action de formation obligatoire nécessitera la demande d'un numéro d'agrément auprès de la DRRF compétente.

Une fiche technique relative à cette formation est jointe à la présente note.

2.2 Relatives à l'assistance des victimes

Une formation à destination des enquêteurs, relative à la « prise en compte des victimes » d'une durée de deux jours est en cours d'élaboration. Elle sera expérimentée fin janvier 2004, puis généralisée à l'ensemble des DRRF, fin février 2004, en vue d'une démultiplication dès le mois de mars 2004.

3. Les franchissements de grade

L'importance de l'accueil sera également introduite dans les formations accompagnant les changements de grade pour l'ensemble des corps.

4. Les autres actions de formation continue

Pour répondre à la nécessité de donner les capacités à tout chef de service d'élaborer une politique de l'accueil au sein de son service, cet aspect sera intégré dans les stages actuellement développés à l'École nationale supérieure de la police (ENSP), « gestion par objectifs comme moyen de développer la culture de résultat » et « prise de nouvelles fonctions de directeur territorial ».

Par ailleurs, sera déclinée de manière transversale dans toute action de formation, une information spécifique relative à l'accueil et à l'assistance aux victimes à l'instar de la pratique actuelle en ce qui concerne la déontologie.

5. Les autres actions

Le Centre national d'études et de formation (CNEF) organisera des *journées thématiques* à l'attention des chefs de service et des correspondants départementaux d'aide aux victimes ainsi que *des journées d'échanges gendarmerie, police et justice.*

Enfin le « *guide pratique du policier* » et le « *guide pratique des disparitions de personnes* » vont être actualisés.

Persuadé que vous partagez l'ambition d'améliorer l'image de notre institution en offrant au public un accueil de qualité conforme à la mission de service public de la police nationale, je compte sur votre implication personnelle dans la mise en œuvre de ces mesures d'accompagnement au sein de notre direction.

Je vous en remercie.

Alain Fontaine

FORMATION À L'ACCUEIL DU PUBLIC

Formation : OBLIGATOIRE

La formation s'adressera en priorité aux personnels assurant en permanence cette fonction d'accueil, puis aux personnels assurant cette fonction ponctuellement.

Durée : un jour (6 heures).

Public : 12 stagiaires prioritairement sur site.

Lieu : Formation prioritairement sur site.

Organisateur : Correspondants d'aide aux victimes (DCSP) ou formateurs des directions d'emploi (PP, DCPAT, DCCRS).

Particularité : Cette journée de formation devra faire l'objet d'une ouverture institutionnelle par une autorité hiérarchique (le chef de service ou un officier).

Code stage (référence au plan) : 041 N.

Numéro d'agrément : Délivrance systématique par la délégation régionale au recrutement et à la formation (DRRF) du ressort local et ce, quelles que soient les conditions financières (gratuité ou non) de la journée.

Suivi : Ces formations feront l'objet d'un suivi mensuel sur le logiciel SITEX pour la OCSP.

Recueil des besoins : À l'issue de la journée en formation, le responsable de la formation recueillera les besoins des agents pour une formation facultative complémentaire qui sera dispensée par modules. Ces modules seront animés en fonction des disponibilités en DRRF.

» Document 11

Ministère de l'Intérieur,
de la Sécurité intérieure et des Libertés locales

DIRECTION GÉNÉRALE
DE LA POLICE NATIONALE
DIRECTION CENTRALE
DE LA SÉCURITÉ PUBLIQUE
000036

Paris, le 18 février 2005

NOTE DE SERVICE
à
Mesdames et Messieurs les directeurs départementaux
de la sécurité publique
S/c de Mesdames et Messieurs les préfets
(y compris DOM)
S/c de Messieurs les préfets délégués pour la sécurité et la défense
S/c de Monsieur le préfet adjoint
pour la sécurité en Corse
Messieurs les directeurs de la sécurité publique
S/c de Monsieur le haut-commissaire
de la République en Nouvelle Calédonie
S/c de Monsieur le haut-commissaire
de la République en Polynésie française
S/c de Monsieur le préfet de Mayotte

Objet : Les correspondants départementaux « aide aux victimes »
Référence(s) :

- Circulaire ministérielle n° 02-00021C du 23 janvier 2002.
- Note de service DCSP/SD-MIS/APPV/000113 du 13 juin 2003.
- Note de service DCSP/SD-MIS/AVPO/N° 000013 du 20 janvier 2004.
- Note de service DCSP/SD-MP/AVPO/N° 000077 du 22 avril 2004.
- Note de service DCSP/SD-MP/AVPO/N° 000086 du 5 mai 2004.
- Guide pratique pour la recherche des personnes disparues.
- Charte de l'accueil du public et de l'assistance aux victimes.

L'accueil du public et l'assistance aux victimes sont au cœur de l'action de la sécurité publique. L'importance de ces missions me conduit à l'appeler le rôle essentiel des correspondants « aide aux victimes » désignés dans chaque département, notamment en matière de disparition de personnes.

I. Le correspondant « aide aux victimes » participe à l'amélioration de la qualité de l'accueil du public

S'appuyant sur les bureaux d'aide aux victimes créés dans les circonscriptions, le correspondant « aide aux victimes » doit être en mesure de veiller à la cohérence et au suivi des actions conduites sur l'ensemble du département.

À ce titre, il informe les chefs de services territoriaux des dysfonctionnements constatés ou des difficultés rencontrées et propose les adaptations nécessaires.

Véritable pivot du dispositif mis en place, il est l'interlocuteur privilégié des autres services publics (gendarmerie, hôpitaux, juridictions, Éducation nationale…) et le relais des associations d'aide aux victimes (femmes victimes de violences, enfants maltraités…). Il est associé aux travaux des instances ou groupes de travail concernés par l'aide aux victimes CLSPD (comités d'éducation à la santé et à la citoyenneté, commissions départementales d'action contre les violences faites aux femmes, commissions pour la promotion et l'égalité des chances et la citoyenneté).

En cas d'événement majeur, il s'assure de la prise en charge des victimes et recueille les informations nécessaires au directeur départemental pour la coordination des actions avec les services d'urgence, les municipalités ou les associations.

II. Le correspondant « aide aux victimes » se voit confier une mission spécifique en cas de disparition de personnes

Les diligences à conduire en cas de disparition de personnes ont fait l'objet d'instructions et recommandations regroupées au sein du « guide pratique pour la recherche de personnes disparues ».

Cet outil doit impérativement être mis à la disposition des agents d'accueil et des enquêteurs. Il est accessible sur le réseau intranet de la direction centrale de la sécurité publique (http://dcsp.dgpn.mi/dircom/sitecom/documentation/dossiers_etudes/dossiers/aide_victimes/intro.html)

Étroitement associé au travail des enquêteurs, le correspondant « aide aux victimes » doit être en mesure de rendre compte, en temps réel, de l'état d'avancement des investigations et des vérifications effectuées, soit en collectant les renseignements idoines auprès du directeur d'enquêtes, soit en mettant en contact celui-ci avec le service ou la personne désireuse d'obtenir des informations. Il agit avec l'appui du bureau d'aide des victimes et de la brigade des mineurs en ce qui concerne les fugues ou les disparitions d'enfants.

III. Les missions du correspondant « aide aux victimes » impliquent un positionnement et des moyens adaptés

L'ampleur et l'importance de la mission d'aide aux victimes imposent que le fonctionnaire désigné exerce ses missions au sein de l'état-major ou au plus près du directeur départemental et soit assisté d'un adjoint susceptible de le suppléer en cas d'absence. Dans les départements les plus étendus, un correspondant local devra être nommé dans les circonscriptions les plus étendues, un correspondant local devra être nommé dans les circonscriptions les plus importantes.

Le correspondant « aide aux victimes » doit disposer d'une messagerie électronique spécifique ainsi que d'une banque de données relative à tous les services ou associations avec lesquels il est en contact.

Vous veillerez à ce que ses coordonnées et missions soient connues de l'ensemble des personnels, des partenaires, des usagers et qu'il soit procédé à des renvois automatiques de ligne vers le centre d'information et de commandement en dehors des heures ouvrées ou en cas d'absence.

Afin de procéder à la mise à jour de la liste nationale, en fonction des critères que je viens de vous énoncer, vous voudrez bien me faire parvenir avant le 14 mars 2005, les coordonnées du ou des correspondant(s) aide aux victimes ainsi que de leurs suppléants, de votre département : nom, prénom, grade, affectation et coordonnées téléphoniques (avpo.dcsp@interieur.gouv.fr).

La qualité de l'accueil et de la prise en charge des victimes, et plus généralement du public, est un élément essentiel d'appréciation, par nos concitoyens, de notre disponibilité et de notre efficacité opérationnelle. Je sais que vous avez à cœur de leur renvoyer l'image d'une police présente et attentive. Les présentes instructions devraient faciliter cette importante démarche.

Je connais vos difficultés en matière de personnels mais je sais pouvoir compter sur vous pour que le choix du correspondant d'aide aux victimes soit le plus judicieux possible.

Je vous en remercie.

Alain Fontaine

» Document 12

Colombes sécurité : le commissariat améliore ses conditions d'accueil

À l'étroit dans un bâtiment inadapté à son activité, la police nationale a engagé de grands travaux de réaménagement. Objectif : accueillir le public dans de meilleures conditions et faciliter les dépôts de plainte.
Chaque Colombien passant les portes vitrées du commissariat de la police nationale a pu faire ce constat : la salle d'accueil de moins de 10 m², ouverte tous les jours 24h/24, n'était pas adaptée au public. Pire, la promiscuité générée par ce petit espace entre plaignants, prévenus, fonctionnaires de police et visiteurs était génératrice de tension. « *Ce fonctionnement n'était pas acceptable* », résume Arnaud Verhille, commissaire de police.
Depuis son arrivée fin 2011, ce dernier a fait du réaménagement du bâtiment de la rue 8-Mai-1945 une priorité.
« *Nous avons créé un nouvel espace d'attente, qui permet de différencier les types de demande que nous recevons,* explique-t-il. *Si cette demande a un caractère urgent, par exemple une agression, la personne est reçue prioritairement. S'il s'agit d'une atteinte aux biens, nous proposons alors un rendez-vous, qui permet de revenir à la date choisie dans cet espace, ce qui réduit les temps d'attente.* »
C'est dans cette salle réaménagée, qui respecte la confidentialité, que sont désormais pris les dépôts de plainte.
L'ensemble des unités de la police nationale a également vu ses bureaux réorganisés pour plus d'efficacité, mais aussi pour « étanchéifier » les zones réservées au personnel et aux prévenus et celle dédiée au public. Une fluidification nécessaire dans un ensemble de 500 m² seulement où sont reçues chaque mois plus d'un millier de personnes.
Ces travaux, auxquels s'ajoute une rénovation, prévue en mars, de cellules n'étant plus aux normes pallient pour l'heure ce problème d'exiguïté.

Déposer une plainte en ligne
Le ministère de l'Intérieur a mis en place un site Internet qui permet de remplir une déclaration de plainte pour des faits d'atteintes aux biens ou contre X (les plaintes contre personne dénommée ou relatives aux infractions contre les personnes continuent d'être traitées par déclaration directe). Les particuliers victimes de cambriolage ou dégradations sont invités à contacter le commissariat dès la constatation de l'infraction afin qu'une équipe se déplace pour les recherches d'indices, ceci avant de déposer plainte en ligne. Le formulaire permet de gagner du temps lors de l'enregistrement de la plainte : le système impose en effet de venir en gendarmerie ou au commissariat pour compléter, vérifier et signer le document.

Hôtel de ville de Colombes
Place de la République
92700 Colombes
Tél. : 01 47 60 80 00
Fax : 01 47 60 80 85
Horaires d'ouverture : Du lundi au vendredi : 8 h 30-17 h 00 ; samedi : 9 h-12 h
Nous contacter par Internet :
http://www.colombes.fr/actualites-23.html

Document 13

Pleins feux sur l'accueil du commissariat central de Lille : « Une gare de triage », publié le 30/10/2013, Patrick Seghi

19 000 plaintes par an, 5 500 mains courantes, 84 000 personnes reçues... L'accueil du commissariat central de Lille ressemble à une véritable gare de triage. Parfois à un bureau des pleurs où la qualité de l'écoute est la première des réponses judiciaires apportées...

La scène se passe ce mardi vers 14 h 20. Une dame âgée arrive accompagnée d'un garçon de huit ans. « *Un enfant, cela a des droits et des devoirs. Je l'ai surpris en train de voler. Je viens lui montrer ce qu'est un commissariat... Vous pouvez faire quelque chose ?* » Les fonctionnaires en restent bouche bée. Une policière reprend le dessus et répond gentiment : « *Je crois qu'il a compris* ». Le petit bonhomme écarquille les yeux derrière ses grosses lunettes, enfouit les mains dans les poches de sa doudoune. « *Nous sommes sa famille d'accueil... Je voulais qu'il entende cela de ses oreilles.* » Suit un jeune homme d'une vingtaine d'années. Lui souhaite déposer plainte. Une agression violente subie à 3 h du matin à Wazemmes « *pour une cigarette* ». Dimanche, c'était un trentenaire qui cherchait la pharmacie de garde... « *Nous recevons près de 250 personnes par jour. Dépôts de plainte, mains courantes, convocations, suivi des dossiers, amendes, contestations d'amendes Nous nous devons de nous adresser à tout le monde de manière égale. De faire face à l'hétérogénéité des publics qui viennent nous voir. Nous servons souvent d'amortisseur...* », livre un fonctionnaire en première ligne. Le rituel est immuable : déclinaison de l'identité, papiers, raison de la venue, orientation... Le tout est consigné dans un registre. « *Nous faisons face à tous les cas de figure. Humainement, c'est passionnant et nerveusement souvent crevant... Quand je rentre chez moi, j'ai besoin d'être une heure dans le silence complet. Ici, c'est une gare de triage.* »

Une gare dont les voies sont tracées. Le commandant du service du Quart (flagrants délits), Daniel Canel, supervise l'ensemble et gère l'aiguillage. L'accueil n'est que la partie visible d'un iceberg où s'entremêlent de 7 h à 23 h trois brigades des plaintes. « *Le Quart est un service d'urgence fonctionnant plutôt sur des affaires complexes ou dans le cadre de flagrants délits.* » Celui-ci se fait épauler de 8 h à 18 h par une unité de traitement de jour qui gère les affaires courantes. Le dispositif intègre également un groupe d'appui judiciaire, spécialisé dans les affaires de violences conjugales et une brigade s'occupant des délits routiers et des accidents... « *Au total, ce sont 19 000 plaintes qui sont déposées par an (chiffres 2012 en baisse de 4,5 % par rapport à 2011), auxquelles s'ajoutent 5 500 mains courantes. L'an dernier, 84 000 personnes sont passées à l'accueil* ». Un service public parfois victime de son succès. « *Nous avons pour obligation de recevoir le public 24h/24. La nuit, nous gérons les 32 communes de l'arrondissement.* » Les délais d'attente peuvent se révéler très variables. Une heure en moyenne. « *Nous fonctionnons un peu comme un service d'urgences médicales* ». Comprendre avec une dimension aléatoire se traduisant quelquefois par « *un effet accordéon* » et la gestion de priorités. Si on interroge les fonctionnaires en poste, ceux-ci délivrent un précieux conseil. « *L'idéal est de déposer plainte entre 7 et 9 h le matin et si possible le jeudi* ». Le week-end connaît une fréquentation accrue. « *Les gens ont plus de temps et on récupère les délits liés à la vie nocturne lilloise* », analyse le commandant Canel.

Diplomatie

Pour rendre le service le plus efficace, deux révolutions ont vu le jour. La première concerne l'enregistrement des pré-plaintes en ligne (*lire ci-contre*). La seconde, a vu l'apparition de logiciels de procédure plus performants qui intègrent des procès-verbaux types en fonction de la nature de l'agression sur voie publique. « *Un gain de temps appréciable.* » L'essentiel réside dans la qualité de l'écoute. « *À chaque plaignant, on découvre une situation, une personnalité différente. Ce n'est pas toujours facile à gérer. La détresse est réelle et l'accueil devient parfois une zone de tension…* »

La configuration des lieux et la double file à l'entrée assurent une certaine confidentialité et font office de sas de décompression. « *Le secret de l'accueil réside dans la diplomatie.* »

Le système de pré-plaintes en ligne

Mis en place depuis le mois de mars, le service des pré-plaintes se révèle intéressant. « *On va sur le site, on demande un rendez-vous contre X. Nous réceptionnons et contactons par téléphone le plaignant. On finalise un rendez-vous. L'attente est alors de dix minutes et le procès-verbal déjà préparé.* » Depuis la mise en place du service, 630 pré-plaintes ont déjà été formulées.
www.pre-plainte-en-ligne.gouv.fr (http://www.pre-plainte-en-ligne.gouv.fr)

Atteintes aux biens

Sur les 19 000 plaintes déposées : « *80 % concernent des atteintes aux biens. Vols à la roulotte, à la tire* »

Aides aux personnes

Sur place, un service intercommunal d'aide aux victimes propose ses services les lundis et jeudis de 9 h à 12 h. Les plaignants peuvent également profiter de 9 h à 18 h de la présence d'un psychologue susceptible de les orienter au terme d'un entretien.

» Document° 14

Les 5 engagements de la charte :
1. Un accès plus facile à nos services
2. Un accueil attentif et courtois
3. Une réponse compréhensible à vos demandes dans un délai annoncé
4. Une réponse systématique à vos réclamations
5. À votre écoute pour progresser

Nous vous remercions de votre participation à la qualité de notre accueil dans un respect mutuel.

Commissariat central de police
42, quai Saint-Jean
41000 – Blois
Tél. : 02 54 55 17 70
Commissariat de police
27bis, faubourg Chartrain
41100 – Vendôme
Charte Marianne
des services de la DDSP de Loir-et-Cher

L'État et ses services publics exercent leurs missions en veillant à assurer à tous équité, transparence et accessibilité. Vous avez droit à un accueil de qualité et nous prenons une série d'engagements pour mieux vous accueillir.

1. Un accès plus facile à nos services

- Nous vous informons de l'ouverture permanente des services pour y déposer plainte ou y faire enregistrer une déclaration d'événement.
- Nous vous orientons vers le bon service et le bon interlocuteur.
- Nous vous simplifions l'accès à nos locaux par une signature adaptée.
- Nous vous confirmons que nos locaux sont accessibles aux personnes à mobilité réduite.
- Nous nous rendons plus facilement disponibles en vous proposant une prise de rendez-vous personnalisé avec la hiérarchie.
- Nous vous proposons tout renseignement utile sur les métiers de la police au centre départemental de stage et de formation (Tél. : 02 54 55 17 78).

2. Un accueil attentif et courtois

- Nous vous accueillons en toute confidentialité lorsque nous traitons vos problèmes « délicats ».
- Nous vous donnons le nom de votre interlocuteur chaque fois que vous le souhaitez.
- Nous veillons à vos conditions d'attente en aménageant un espace d'accueil, en réduisant les délais de traitement de votre affaire et en mettant à votre disposition des documents d'information.

- Nous vous écoutons avec attention et nous efforçons de vous informer dans des termes simples et compréhensibles.
- Nous ne vous demandons que des documents indispensables au bon traitement de votre dossier (tels que des certificats médicaux ou factures de vos biens).

3. Une réponse compréhensible à vos demandes dans un délai annoncé

- Nous répondons en permanence à vos appels téléphoniques : 24h/24 – 7j/7 – 365 j par an.
- Nous sommes attentifs à la lisibilité et à la clarté de nos courriers et nos formulaires policiers locaux.
- Nous apportons systématiquement une réponse à vos courriers dans un minimum de temps (celui des recherches internes des renseignements utiles).
- Nous nous efforçons d'annoncer votre temps d'attente prévisible à l'accueil, sauf périodes exceptionnelles.

4. Une réponse systématique à vos réclamations

- Nous apportons une réponse systématique à vos réclamations et nous portons une attention particulière à toutes vos suggestions.
- Nous vous expliquons la procédure à suivre, pour exprimer librement votre satisfaction ou votre mécontentement en saisissant par écrit, le directeur de la sécurité publique ou le chef de circonscription de police de votre ville.
- Nous tenons à votre disposition, dans cette même logique de liberté d'appréciation de l'action de votre police, un registre d'accueil à l'entrée de nos commissariats.

5. À votre écoute pour progresser

- Nous vous interrogeons régulièrement sur vos attentes et votre satisfaction concernant la qualité de notre accueil.
- Nous mesurons régulièrement les résultats de nos actions policières en vue de leur amélioration et nous vous en informons en communiquant nos indicateurs de résultat et d'activité dans les médias départementaux et les publications administratives à votre disposition.

Autres engagements

- Nous vous mettons automatiquement en relation avec les associations d'aide aux victimes d'infractions.
- Nous vous informons des résultats de nos enquêtes pour votre affaire.
- Nous tenons à votre disposition nos « correspondants de police » pour vos problèmes spécifiques dans le domaine de la prévention (mineurs, drogue, personnes vulnérables, femmes victimes de violence familiales, professions à risques…).

Corrigé

Cette proposition de correction n'a pas valeur de corrigé type.

Analyse du sujet et des documents

Le sujet ne pose de pas de difficulté particulière de compréhension.
Le libellé du sujet est très clair concernant le contexte : un nouveau chef de service est rapidement confronté aux difficultés d'accueil du public. Il est donc nécessaire de procéder rapidement à différentes réformes et actions afin d'améliorer l'accueil du public. Le fait d'être nouvellement affecté rend ces changements plus simples à mettre en place (« état de grâce » fréquent d'un nouveau chef de service vis-à-vis de ses effectifs, œil neuf et extérieur du chef de service…).
Les problématiques d'accueil sont récurrentes pour les commissariats et d'importants efforts ont été entrepris ces dernières années (charte Marianne, audits IGPN, communication institutionnelle…).
Le libellé du sujet est parfaitement clair et indique à la fois les problèmes d'accueil rencontrés (délais, locaux vétustes…) et les points essentiels de la réforme à mener (organisation du service, communication, formation…).

Pour mémoire

- Une note est là avant tout pour informer (ce qui implique une exigence de clarté et de précision sur le plan rédactionnel, une note bien structurée et une longueur raisonnable).
- Il est inutile d'en rajouter sur le caractère « dirigiste » de la note (la police est un corps hiérarchisé et chacun sait à quoi s'en tenir).
- Pensez toujours à l'information ascendante et descendante (les effectifs rendent compte des opérations entreprises, les officiers lisent et commentent la note lors des appels, les notes sont affichées, les difficultés d'application sont signalées à l'autorité…).
- Dans le contexte actuel, les efforts et changements sont effectués à moyens humains et matériels constants, voire avec moins de moyens. Le libellé de ce sujet est d'ailleurs très clair sur ce point : « Votre proposition devra par hypothèse reposer sur un effectif constant, tant pour le service que pour l'accueil proprement dit. »

Proposition de plan

Le plan doit être décliné en plusieurs phases.
La mention du renvoi aux documents n'est pas recommandée dans la note. Elle ne figure, dans cette proposition de corrigé, que pour mieux comprendre l'exploitation des éléments du dossier.

Introduction

- Présentation du contexte et de la nouvelle installation comme chef de service.
- Volonté de changer rapidement la situation en ce qui concerne l'accueil du public, afin d'améliorer les relations avec les citoyens et de renforcer la confiance de la population.

- Le plan d'actions se décline en plusieurs phases et plusieurs actions seront entreprises.
- Nécessité impérative de se conformer rapidement aux exigences d'accueil du public et d'assistance aux victimes, telles que définies notamment dans la charte Marianne.

Phase d'audit interne du service

- La lettre du député-maire synthétise bien les problèmes rencontrés : attente trop longue pour déposer plainte, refus de prise de plainte non argumenté, comportements et propos déplacés, notamment la nuit.
- Le courriel d'un citoyen mécontent (document 2) évoque le cas particulier de la nuit.
- Au regard des points négatifs (dont la récurrence souligne la véracité), analyse des habitudes de travail et du mode de fonctionnement actuel du commissariat afin d'identifier les éléments sur lesquels opérer des changements.

Organisation du service

- En dehors des créneaux de présence de l'agent d'accueil du commissariat, une personne sera désignée pour accueillir et orienter le public. Cet accueil doit être assuré 24h/24, 7j/7 (ou bien selon des horaires clairement affichés à l'entrée du commissariat).
- De même, un agent chargé spécialement de la prise de plainte sera désigné lors de chaque vacation.
- Dans la mesure du possible, le temps d'attente avant une prise de plainte sera indiqué et le public sera invité, s'il le souhaite, à revenir à un autre moment pour déposer plainte (cf. document 12).
- Le dispositif de pré-plainte en ligne (cf. document 8) doit être déployé de manière pertinente afin de limiter les temps d'attente au commissariat. Les cas d'urgence seront bien entendu prioritaires pour la prise de plaintes.
- L'accueil téléphonique ne fait pas l'objet de récriminations, mais il sera toujours utile de rappeler les engagements de service (cf. document 5 : courtoisie, réponse avant cinq sonneries…). Il en est de même des courriers adressés au commissariat.
- Affirmation du rôle central du correspondant « aide aux victimes » (cf. document 11) : son rôle doit être connu et valorisé, que ce soit au commissariat ou vis-à-vis des partenaires extérieurs.

Aménagement des locaux

- La préservation de la confidentialité des plaintes impliquera d'aménager les locaux, au besoin en insonorisant les murs (ce qui est une solution à moindre coût par rapport à des travaux de réaménagement complet ou de construction).
- Afin d'éviter toute incompréhension ou mécontentement du public lorsque ce dernier voit des effectifs en pause, le passage en pause et la pause elle-même se feront dans les locaux hors de la vue du public. La salle de repos sera notamment fermée en permanence et les fonctionnaires seront invités à ne pas s'y exprimer trop bruyamment.
- À l'instar de certains autres services publics, il serait souhaitable d'installer à l'accueil du commissariat un panneau informant les citoyens des différents niveaux d'affluence selon les créneaux horaires. Cela devrait permettre de mieux réguler les plaintes et les mains courantes les moins urgentes.

- De même, il est nécessaire d'installer à destination du public un panneau d'information précisant clairement les domaines pour lesquels les juridictions civiles seront compétentes (juge de proximité ; tribunaux d'instance, de grande instance et de commerce ; juridiction prud'homale). Ce panneau devra faciliter la compréhension du public concernant la répartition des compétences entre juridictions civiles et pénales et, surtout, rendre plus intelligibles les refus de prise de plainte.
- Les modalités de prise de plainte (pièce d'identité, incapacité juridique des mineurs, exigences particulières en cas de cambriolage ou de vol à la roulotte…) seront clairement affichées dans le commissariat.
- Un questionnaire de satisfaction sera laissé à la disposition du public. Ses résultats seront régulièrement exploités afin de juger de l'efficacité des changements entrepris et de l'amélioration possible.
- Enfin, une évaluation de l'accessibilité du commissariat aux handicapés et, le cas échéant, des travaux (rampe d'accès…) pourrait être entreprise.

Formation des effectifs

Le dispositif de pré-plainte en ligne sera présenté à tous les personnels du commissariat.

L'agent d'accueil recevra une formation complémentaire concernant la répartition des compétences entre juridictions civiles et pénales afin de mieux orienter le public.

L'ensemble des effectifs sera formé à :

- la répartition entre les infractions pénales et les litiges relevant des juridictions civiles ;
- les problèmes d'image et d'accueil au sein du commissariat, ainsi que les exigences à satisfaire (notamment au regard des prescriptions de la charte Marianne et de l'exemplarité du comportement, en particulier en ce qui concerne les mots déplacés). Cette formation présente un caractère obligatoire (cf. document 10) ;
- la formation en e-learning à la pré-plainte en ligne des fonctionnaires de police chargés de la prise de plainte doit être privilégiée.

Instructions à diffuser

L'officier et l'encadrement de la brigade de nuit seront convoqués en entretien afin de les informer des changements à entreprendre. Il n'est en effet pas admissible que les citoyens soient moins bien accueillis la nuit que le jour.

Une note récapitulative sera lue et commentée à chaque appel des unités et au sein des services du commissariat. Elle sera également affichée dans les locaux.

Communication externe et interne

La communication externe s'articulera notamment autour d'une réponse argumentée au député-maire présentant les changements entrepris. La presse quotidienne régionale et le bulletin de la commune seront également sollicités, par exemple en soulignant la réfection des locaux d'accueil.

Mise en place et diffusion de dépliants rappelant l'adresse des commissariats et les engagements de la charte Marianne (cf. document 14).

Une communication sur la pré-plainte en ligne sera également effectuée dans les médias locaux et par panneaux d'information au sein du commissariat. Le périmètre des infractions concernées par ce dispositif doit être clairement annoncé.

De même, la charte Marianne sera lue et commentée aux appels et dans les services. Elle sera affichée dans les locaux.
Il en sera de même du code de déontologie, notamment en ce qui concerne l'exemplarité du comportement.

Partenariats à engager ou à renforcer

Les coordonnées d'associations d'aide aux victimes seront transmises lors de chaque dépôt de plainte (mention dans le récépissé de dépôt de plainte).
Une action de communication (dépliants à disposition du public, affiches, conférence de presse commune…) pourrait être envisagée avec ces associations.
Une étude sera engagée pour favoriser la mise en place d'une permanence régulière d'une association locale d'aide aux victimes. Dans la mesure du possible, il en sera de même pour un travailleur social et un psychologue. Une communication sera faite sur ces permanences.
Ces partenariats seront notamment suivis par le correspondant « aide aux victimes ».

3. Sujet inédit n° 3

Sujet

Vous êtes lieutenant de police, responsable d'un bureau de police implanté dans une zone de sécurité prioritaire de 10 000 habitants.
Depuis plusieurs jours, la circonscription est envahie par des tags et graffitis, sans connotations particulières, mais qui dégradent les portails, murs ou volets de nombreuses habitations.
Alors que le climat social semblait apaisé, cet événement ravive les tensions. Les habitants sont excédés, la presse quotidienne régionale relaye leurs revendications et indique que des groupes de voisins ont évoqué la possibilité de constituer des milices pour défendre leurs biens.
Le maire de la ville a saisi le préfet de ce problème.
Votre chef de service, convoqué par ce dernier, vous demande de lui faire un point sur la situation par rapport.
Il vous indique qu'il veut connaître les dispositifs et la législation existants dans le domaine, il veut également que vous lui proposiez un plan d'action efficace et concret à mettre en œuvre rapidement.
Vous rédigez donc ce rapport en proposant des solutions argumentées.

DOSSIER DOCUMENTAIRE

- Document 1 : Note du ministère de l'Intérieur du 30 juillet 2012 n° INTK1229197J sur la mise en œuvre des zones de sécurité prioritaires.
- Document 2 : Extrait des tableaux statistiques de la délinquance ZSP.
- Document 3 : Fiche technique de la direction centrale de la sécurité publique : les conseils locaux (CLSPD) ou intercommunaux (CISPD) de sécurité et de prévention de la délinquance.
- Document 4 : Lettre de saisine du maire au préfet de département.
- Document 5 : Fiche technique de la direction centrale de la sécurité publique : les délégués à la cohésion police-population (DCPP).
- Document 6 : Fiche technique de la direction centrale de la sécurité publique : le partenariat avec les bailleurs.
- Document 7 : Fiche technique de la direction centrale de la sécurité publique : le partenariat avec l'Éducation nationale.
- Document 8 : Deux fiches techniques de la direction centrale de la sécurité publique : la vidéoprotection et le dispositif de la vidéo-patrouille.

- **Document 9 :** Formulaire de demande d'effacement de graffitis de la ville de X.
- **Document 10 :** Un article sur l'interpellation d'auteurs de tags - département d'Eure-et-Loir.
- **Document 11 :** Articles Internet sur des pistes de luttes contre les graffitis à l'étranger.
- **Document 12 :** Graffitis et code pénal.
- **Document 13 :** Question du Sénat.
- **Document 14 :** Organigramme de la circonscription de sécurité publique.

» Document 1

Paris, le 30 juillet 2012

Le Ministre de l'Intérieur
à
Monsieur le Préfet de police
Mesdames et Messieurs les Préfets de zones, de régions et de départements
(métropole et outre-mer)
Monsieur le Directeur général de la police nationale
Monsieur le Directeur général de la gendarmerie nationale

Objet : mise en œuvre des zones de sécurité prioritaires.

La politique de sécurité que j'entends conduire doit être résolument tournée vers les territoires et leurs habitants.

Il s'agit de répondre, au plus près, aux préoccupations de nos concitoyens, souvent parmi les plus démunis, confrontés dans des quartiers urbains ou dans des territoires ruraux à la délinquance, à la violence et aux trafics de toutes sortes qui sapent les fondements même de notre société et mettent en péril le lien social.

Les réponses qu'ils attendent de l'État se situent au-delà d'interventions coups de poing ou d'initiatives spectaculaires. Si une opération policière réactive ou d'envergure se justifie face à un événement grave ayant troublé l'ordre public, la seule succession de tels modes d'intervention sans stratégie se révèle finalement improductive dans la durée.

Le service public de la sécurité intérieure et ses partenaires locaux, au premier rang desquels les collectivités territoriales, doivent traiter les problèmes de sécurité au fond, en s'attaquant aux causes pour mieux prévenir et réprimer la délinquance.

La politique de sécurité et de lutte contre la délinquance que je veux mettre en œuvre doit s'appliquer à l'ensemble du territoire de la République, et je compte sur votre implication et votre dynamisme pour la décliner localement et avec détermination.

Cependant, conformément aux engagements du président de la République et du Premier ministre, il faut aller plus loin dans certains territoires particulièrement frappés par une dégradation de l'ordre et de la tranquillité publics. Cette approche renforcée doit privilégier des secteurs géographiques précis, des thématiques lourdes et concerner des publics identifiés.

C'est dans ce cadre que seront mises en place de façon échelonnée, à partir du mois de septembre prochain, les zones de sécurité prioritaires (ZSP).

Un travail de préparation et de coordination sera également assuré en direction des autres ministères concernés par ces enjeux : ministères de la Justice, de l'Éducation nationale, de l'Égalité des territoires, de la Ville et des Outre-mers.

1. Principes de fonctionnement

Les zones de sécurité prioritaires correspondent à des territoires ciblés dans lesquels des actes de délinquance ou d'incivilités sont structurellement enracinés. Elles ne couvriront pas forcément des espaces homogènes à travers le pays, et pourront tout à la fois concerner des cités sensibles soumises à des épisodes récurrents de violences urbaines, des centres-villes dont la

physionomie est dégradée en raison de nuisances diverses, ou encore des zones périurbaines ou rurales.
Les actions menées devront faire l'objet d'une coordination opérationnelle renforcée, non seulement de l'ensemble des forces de sécurité intérieure mais aussi des moyens et personnels dépendant d'autres ministères et de ceux résultant du partenariat avec les collectivités territoriales déjà initié, plus particulièrement, dans les conseils locaux – ou intercommunaux – de sécurité et de prévention de la délinquance.

1.1. Des réponses adaptées aux problématiques locales
Les réponses apportées et les moyens engagés seront adaptés à la résolution de ces problèmes de délinquance ou d'incivilités. Pour éviter une dispersion des ressources, ces actions devront être concentrées sur un nombre restreint d'objectifs, clairement identifiés qui pourraient recouvrir, sans être exhaustif, l'économie souterraine, les trafics de stupéfiants et d'armes, les violences acquisitives, les cambriolages, les regroupements dans les parties communes d'immeubles d'habitation, les nuisances de voie publique et autres incivilités.

1.2. Des méthodes de pilotage et d'évaluation renouvelées.
Conçus pour répondre aux problématiques locales, les dispositifs mis en place feront l'objet d'un pilotage au niveau le plus fin. Ce pilotage sera conduit d'une part dans le cadre d'une coordination opérationnelle de l'ensemble des services de sécurité intérieure concernés, et d'autre part à l'aide d'une forme renouvelée, restreinte et pragmatique de partenariat avec les collectivités territoriales.
Ainsi, deux structures locales de coordination opérationnelle devront être créées :
- une cellule de coordination opérationnelle des forces de sécurité intérieure. Réunissant, selon une périodicité *a minima* mensuelle, l'ensemble des services engagés sous la direction du préfet et, s'il le souhaite, la co-direction du procureur de la République, elle aura pour objectif de favoriser les échanges d'informations, de cibler les objectifs à atteindre, de définir puis déployer les moyens nécessaires de façon coordonnée, et d'évaluer les résultats. Les groupes locaux de traitement de la délinquance (GLTD), lorsqu'ils existent, s'intégreront dans cette cellule de coordination ;
- une cellule de coordination opérationnelle du partenariat. Distincte du CLSPD, elle conduira les actions de prévention de la délinquance en privilégiant une approche de traitement spécifique des situations individuelles, et pilotera la mise en œuvre des ressources complémentaires, notamment les polices municipales. Il vous appartiendra de déterminer, en fonction des configurations propres à chaque zone, les participants à cette cellule et la périodicité des réunions.

Afin de pouvoir suivre au plus près l'évolution des formes de la délinquance et d'adapter, le cas échéant, les objectifs et les moyens, ces structures de coordination devront être en mesure d'évaluer les actions menées, à l'aide d'indicateurs qui ne seront pas exclusivement quantitatifs.
Outre les indicateurs statistiques de la délinquance et de l'activité judiciaire, par ailleurs en cours de rénovation, vous définirez ainsi des indicateurs qualitatifs, objectivement mesurables, en fonction des problématiques identifiées et des objectifs assignés aux différents services ou partenaires associés.

Je vous demande de faire de ces structures de véritables lieux de pilotage et de décision et pas uniquement des instances d'analyse et de discussion.
S'il est opportun de lui proposer d'être partie prenante à la démarche des zones de sécurité prioritaires, je rappelle que le procureur de la République demeure seul en charge de la définition de la politique pénale sur son ressort, tout comme il demeure seul directeur des enquêtes de police judiciaire.

2. La mobilisation des ressources de sécurité intérieure

2.1. Un contexte adapté à la situation des effectifs

L'action menée bénéficiera chaque fois que possible de l'allocation de ressources spécifiques : les personnels supplémentaires prévus pour la sécurité et la justice auront vocation à être prioritairement déployée sur les ZSP. Toutefois, les délais de recrutement et de formation ne permettront pas d'en disposer au cours de la première année de déploiement.
Ce contexte en matière d'effectifs conduit à concevoir un dispositif reposant sur la mobilisation et la coordination des ressources existantes. Sauf exception, l'ouverture d'implantations immobilières ne doit pas être recherchée.
En fonction des problématiques rencontrées sur la zone et de l'organisation des services de police et de gendarmerie, les moyens de ces services seront mobilisés dans les domaines de l'investigation, du renseignement, de l'occupation de la voie publique et de la police technique et scientifique.
Les unités mobiles, CRS ou EGM, apporteront leur concours dans le cadre d'un plan national de sécurisation renforcé.
Les groupes d'intervention régionaux (GIR) seront également engagés lorsque les procédures initiées impliqueront des investigations spécifiques notamment dans le domaine patrimonial.
J'appelle plus particulièrement votre attention sur les aspects tenant au recueil des renseignements opérationnels et à leur exploitation. Outre les missions dévolues aux SDIG qu'il vous appartiendra de développer, vous veillerez à ce que les informations détenues par les unités de voie publique, notamment les BAC, ne soient pas seulement consacrées aux seuls flagrants délits. Les missions assignées à ces brigades, tout comme aux PSIG de la gendarmerie, devront être adaptées aux objectifs à atteindre sur la zone.
Vous veillerez également, en étroite liaison avec les procureurs de la République, à ce que les services spécialisés d'investigation de la sécurité publique (sûretés départementales) et de la police judiciaire (DIPJ, SRPJ) soient pleinement investis dans la réalisation des objectifs territorialisés.
Dans le même esprit, les unités de police judiciaire de la gendarmerie (SR, BR) viendront soutenir et prolonger l'action des formations territoriales.

2.2. L'articulation avec les dispositifs partenariaux existants

2.2.1. Avec les GLTD

Lorsqu'ils existent ou que le procureur de la République souhaite en créer sur les mêmes périmètres, vous veillerez à l'articulation étroite de la démarche des zones de sécurité prioritaires avec celle des groupes locaux de traitement de la délinquance, en liaison étroite avec l'autorité judiciaire. En l'espèce, les GLTD peuvent s'intégrer dans des cellules de coordination opérationnelle des forces de sécurité intérieures codirigées par le préfet et le procureur de la République.

2.2.2. Avec les CLSP

La présence d'un CISPD ou d'un CLSPD sur le ressort d'une ou plusieurs communes traduit une volonté de chacun des partenaires qui y est engagé de traiter les problématiques de sécurité. Même s'ils ont permis dans certaines collectivités la constitution de groupes de travail particulièrement dynamiques et créatifs, les CISPD restent trop souvent un lieu d'échange sans réelle capacité décisionnelle. Ils souffrent du nombre et de la diversité de leurs membres, qui rendent difficile un suivi opérationnel effectif et balaient souvent la problématique de l'insécurité dans toutes ses composantes sans identifier les priorités ou les objectifs à atteindre.

La cellule de coordination opérationnelle du partenariat souhaitée dans le cadre des ZSP ne peut donc pas être le CLSPD ou le CISPD ; en revanche, elle pourra opportunément être créée dans le cadre d'un groupe de travail dédié émanant du conseil, dont la composition devra être parfaitement ajustée aux problématiques à traiter et respecter une dimension relativement restreinte afin d'en conserver le caractère opérationnel.

2.2.3. Avec les états-majors de sécurité

Les états-majors de sécurité constituent le plus souvent le cadre d'échanges formels permettant aux différents partenaires de présenter leur activité au titre de leur participation à la lutte contre l'insécurité. Si certaines décisions peuvent y être prises, elles relèvent le plus souvent de considérations générales ou stratégiques applicables à l'échelle du département, lequel ne saurait constituer le niveau de pilotage fin que nécessité le suivi de l'action menée sur les ZSP,

2.2.4. Avec la politique de la ville

De façon générale, la cartographie des ZSP ne saurait se calquer sur le zonage actuel de la politique de la ville, qui comprend environ 750 quartiers prioritaires. Bien évidemment, il n'y a aucun obstacle à ce que le ressort d'une ZSP coïncide avec celui d'une ZUS ou d'un quartier CUCS ; pour autant, les critères de la politique de la ville ne doivent pas constituer le seul argument décisif pour la création d'une ZSP.

En revanche, certaines actions relevant de la politique de la ville peuvent utilement être harmonisées ou coordonnées pour compléter l'action menée sur les ZSP, notamment en matière de prévention.

2.2.5 Avec la politique de prévention de la délinquance

Les crédits délégués du fonds interministériel de prévention de la délinquance (FIPD) devront être en partie mobilisés pour soutenir des actions de prévention dans les ZSP, notamment pour ce qui concerne la mise en place d'actions visant à prévenir la récidive et assurer un suivi individualisé des mineurs prédélinquants. Dans ce cadre vous me ferez connaître les besoins en financement que vous aurez identifiés.

3. Méthodologie et mise en place des zones de sécurité prioritaires

À compter du mois de septembre, 15 zones de sécurité prioritaires seront progressivement mises en place (6 en secteur de sécurité publique, 3 à la préfecture de police, 5 en secteur de gendarmerie et une zone « mixte » police/gendarmerie).

Elles ont été prédéfinies, exceptionnellement au niveau central, en fonction de critères objectifs de gravité déterminés par la direction générale de la police nationale et la direction générale de la gendarmerie nationale. Il appartient maintenant aux préfets concernés de

procéder, en lien étroit avec les procureurs de la République et les acteurs locaux, aux ajustements nécessaires en termes de périmètres, d'objectifs et d'indicateurs.
Au-delà de ces 15 premières zones, je souhaite que vous ayez un rôle déterminant dans la définition des suivantes.
Cette phase de définition devra être menée au plus près du terrain, dans le souci permanent de prendre en compte les problématiques locales d'insécurité se posant avec le plus d'acuité. Elle s'appuiera bien entendu sur la connaissance des acteurs locaux de leur domaine de compétence, ainsi que sur l'analyse fine des données statistiques et qualitatives de la délinquance (infractions constatées, indicateurs de pilotage des services, indicateur des violences urbaines, exploitation de la main courante informatisée). Elle devra permettre de déterminer, selon les priorités identifiées à l'échelon local :

- les frontières du territoire d'intervention ;
- les phénomènes de délinquance à traiter (deux à quatre maximum), ainsi que les critères permettant d'en mesurer la prégnance et l'évolution ;
- les services de sécurité intérieure intervenant sur la ZSP, et les moyens associés ;
- la composition de la cellule de coordination de ces services ;
- la composition de la cellule de coordination du partenariat ;
- les indicateurs de résultat devant permettre l'évaluation de l'action menée sur les ZSP.

Les conditions d'éligibilité remplies, vous pourrez le cas échéant privilégier les collectivités ayant une volonté d'action partenariale particulièrement dynamique en matière de sécurité et de prévention de la délinquance.
Dispositif global, souple et adaptable, correspondant à un engagement renforcé et concret dans un horizon de moyen terme, aux moyens éventuellement renouvelables ou bien redéployables sur d'autres secteurs en cas de succès, la zone de sécurité prioritaire est destinée à lutter en profondeur contre les formes les plus ancrées de la délinquance. Elle est l'une des composantes des nouvelles stratégies de sécurité appelées à se développer au sein des territoires.
Cette mise en synergie doit être l'occasion d'une redéfinition des modalités d'emploi et des missions de certaines unités, notamment celles affectées à la recherche du renseignement ou à la lutte contre la criminalité de voie publique.
Face à l'ampleur des attentes, les zones de sécurité prioritaires correspondent donc à une sélectivité assumée, leur montée en régime étant d'ores et déjà programmée. Cette sélectivité est justifiée par la véritable perte de chances que subissent certains territoires en raison des conditions de sécurité. Vous veillerez toutefois, dans la conduite des services de police et de gendarmerie et dans la définition de votre action locale, à ce que l'affichage de telles priorités géographiquement délimitées ne soit pas perçu comme un désengagement de l'État et du service public de la sécurité intérieure dans le reste des territoires, en direction desquels sera déployée ou maintenue une politique de sécurité intérieure dynamique.

Manuel Valls

» Document 2

Extrait des tableaux statistiques de la délinquance ZSP, indicateurs de pilotage des services, atteintes aux biens

	Janvier 2016	Février 2016	Mars 2016	Janvier 2017	Février 2017	Mars 2017
Faits constatés	99	101	94	97	90	92
Faits élucidés	32	33	29	43	47	50
Interpellations	6	5	6	8	12	17
Vols violences	12	11	9	8	7	8
Vols effractions	45	39	40	38	28	25
Vols d'automobiles	4	9	7	4	5	3
Vols roulottes	22	12	18	16	15	11
Vols à la tire	2	3	2	2	1	0
Dégradations	24	27	18	29	34	45
Total	99	101	94	97	90	92

» Document 3

Les conseils locaux (CLSPD) ou intercommunaux (CISPD) de sécurité et de prévention de la délinquance

I. Présentation générale

En matière de prévention de la délinquance, le maire dispose de différentes structures de concertation et d'action lui permettant de travailler de concert avec ses partenaires. Regroupant de manière la plus large les représentants de l'État et des collectivités territoriales, des personnalités qualifiées ou encore des représentants d'associations, le conseil local ou intercommunal de sécurité et de prévention de la délinquance (CLSPD ou CISPD) constitue un espace de concertation permettant d'agir sur les problématiques d'insécurité et de prévention de la délinquance, au niveau communal ou intercommunal

Cette structure partenariale permet aux responsables des institutions et organismes publics et privés concernés d'échanger des informations et de définir des objectifs communs pour la préservation de la sécurité et de la tranquillité publiques.

Consulté sur la définition, la mise en œuvre et l'évaluation des actions de prévention de la délinquance, le CLSPD ou CISPD peut également proposer des actions de prévention ponctuelles dont il assure le suivi et l'évaluation. Il est obligatoire dans les communes de plus de 10 000 habitants et dans celles comprenant une zone urbaine sensible.

Dans le cadre d'un CISPD, le président de l'établissement public de coopération intercommunale (EPCI) coordonne les actions de prévention de la délinquance, sous réserve du pouvoir de police des maires des communes membres.

Présidé par le maire (le représentant de l'EPCI pour le CISPD), le CLSPD est composé, de droit, du préfet, du procureur de la République, du président du conseil départemental et des représentants des services de l'État désignés par le préfet.

Le CLSPD peut se réunir en formation restreinte, appelée « cellule de veille » ce qui permet un suivi personnalisé de situations particulières ou urgentes.

Le pilotage opérationnel de ces structures se fait sous la forme de groupes de travail, à vocation thématique ou territoriale. Un partage d'informations confidentielles peut être effectué dans ce cadre et une charte de confidentialité peut encadrer ces échanges (la loi n° 2011-267 du 14 avril 2011, dite LOPPSI 2, a prévu que les modalités d'échange de ces informations soient intégrées dans le règlement du CLSPD).

II. Objectifs

- Coordonner le plan local de prévention de la délinquance : chaque axe prioritaire sera décliné sous la forme de fiches-actions devant servir de « feuilles de route » aux groupes de travail constitués au sein du CLSPD ou CISPD.
- Initier en concertation les projets à mettre en œuvre par les partenaires dans le champ de la prévention : à partir d'un diagnostic partagé réalisé sur la base d'éléments opérationnels, développer entre les différents partenaires une approche collective dans un objectif de prévention.
- Provoquer la réunion de partenaires institutionnels sur des questions demandant une réponse rapide sur un problème concret de la réalité locale.

» Document 4

Courrier du maire :
Mairie de…
Place de la mairie

Monsieur le Préfet de département,

Depuis plusieurs jours maintenant, ma circonscription fait l'objet d'une vague de dégradations qui impactent fortement la sérénité de mes administrés.
Les habitations situées au sein de la zone de sécurité prioritaire notamment, ont fait l'objet de tags et de graffitis.
Ces actes délictueux engendrent non seulement des dépenses importantes pour les habitants souhaitant les faire disparaître mais créent également un sentiment d'insécurité extrêmement fort dans le secteur.
Nombre des habitants de ma ville remettent en cause l'efficacité des mesures de police appliquées sur la ZSP et envisagent clairement de se constituer en groupes de défense de leurs biens. Ils affirment, et je les comprends, que si les services de police ne peuvent enrayer un phénomène comme la prolifération des graffitis ils ne pourront pas non plus mettre fin à la violence quotidienne.
Aussi je vous demande, Monsieur le Préfet, de prendre toutes mesures utiles pour stopper le développement de ces dégradations.
Je reste bien évidemment à la disposition des services de police pour la mise en place de mesures de tous ordres.
Bien cordialement,

Le Maire

» Document 5

Les délégués à la cohésion police-population (DCPP)

I. Présentation du dispositif

Initialement créé en 2008 dans le cadre du « plan espoir banlieues » et étendu par la suite à d'autres quartiers, le dispositif des délégués à la cohésion police population a pour objectif de renforcer la présence de l'État dans les quartiers difficiles. Il trouve à cet égard pleinement à s'appliquer dans les zones de sécurité prioritaires (ZSP).

Les délégués à la cohésion police-population sont des policiers retraités, employés dans le cadre de la réserve civile, qui ont pour vocation d'assurer, sous l'autorité du chef de circonscription, un renforcement du lien entre la population, les acteurs de terrain et les services de police, et d'être ainsi un relais accessible aux habitants, associations et commerçants. Les DCPP sont à la fois des intermédiaires entre la population et les services de police et de véritables acteurs de la prévention de la délinquance.

Parmi les mesures à mettre en œuvre dans le cadre des ZSP, le dispositif des DCPP pourra ainsi être adopté et financé sur le budget de la réserve civile (N.B. : le référentiel d'emploi de la réserve civile de la DRCPN prévoit que la fiche de poste des délégués à la cohésion police population (SP 32) correspond au niveau d'« expert 2 »).

II. Les missions des délégués à la « cohésion police-population »

Renforcer les liens directs de la police avec la population dans la mesure où leur statut et leur positionnement font qu'ils sont perçus comme des interlocuteurs à la fois neutres et crédibles, aptes à recevoir des demandes adressées à l'institution, à recueillir des informations et à désamorcer certains conflits naissants qui pourraient aboutir à des violences urbaines.

Forts de leurs contacts et de leurs relations soutenues avec la population et les acteurs locaux, les DCPP pourront par ailleurs contribuer à l'évaluation locale des dispositifs mis en place sur la zone de sécurité prioritaire, en terme de ressenti et de perception par les habitants.

Ils contribueront également à détecter et promouvoir les candidatures au service volontaire citoyen, afin de faire participer activement les habitants aux actions de prévention mises en œuvre sur la ZSP.

Développer la dynamique de prévention de la délinquance sur la zone

- Par l'animation directe ou par la mobilisation des policiers référents dans la conduite d'actions de sensibilisation et de prévention à destination des publics les plus pertinents dans le cadre de la ZSP : les personnes âgées dans le cadre de l'opération tranquillité seniors, les jeunes dans le cadre du partenariat avec les établissements scolaires ou les centres de loisirs municipaux, les populations étrangères pour les « initier » aux institutions de la République, les commerçants pour la prévention des actes de malveillance... Dans le cadre de cette mission, les DCPP pourront s'appuyer sur la ressource du service volontaire citoyen ou du service civique.
- Au travers de leur implication dans les actions et les instances locales de partenariat (comités de quartier, cellules de veille, CLSPD, GLTD, conseils des droits et des devoirs

des familles, établissements scolaires, bailleurs sociaux…), où leur connaissance fine des problématiques locales et des situations individuelles est précieuse. Ils seront également les partenaires privilégiés des délégués du préfet là où ils existent.

Contribuer au partage d'informations et au renseignement opérationnel aux fins d'exploitation judiciaire ou par les SDIG : présents régulièrement sur le quartier, les DCPP savent recueillir des informations et veiller à leur bonne exploitation par les services de police (unités judiciaires et SDIG) dans un souci de préservation des personnes exposées.

III. Éléments d'évaluation de l'activité des délégués à la « cohésion police-population »

À leur prise de fonction, afin de constituer et mettre en place leur réseau institutionnel de quartier, les DCPP s'appuieront sur le diagnostic du quartier d'emploi, qui sera régulièrement réactualisé.

Il devra notamment comporter des informations sur les bailleurs présents dans le quartier, les caractéristiques de l'habitat, les services publics, sanitaires, sociaux, l'état d'esprit de la population, les principales associations ainsi qu'un point sur les formes de violences et l'évolution de la délinquance du quartier concerné.

Parmi les indicateurs d'activité des DCPP, une attention particulière sera portée au nombre de volontaires citoyens détectés et recrutés, au nombre de réunions de quartier animées, au nombre et à la nature des initiatives développées par les DCPP ayant permis de favoriser l'instauration d'un climat de confiance entre la police et la population.

» Document 6

Le partenariat avec les bailleurs

I. Présentation générale

Les bailleurs sociaux représentent des partenaires essentiels dans le cadre de la mission policière de sécurisation des quartiers et de la prévention des violences urbaines.

Ce partenariat s'inscrit dans l'accord-cadre pour une meilleure sécurité des quartiers d'habitat social, signé le 21 mars 2000 entre l'État et l'Union nationale des fédérations d'organismes HLM. Décliné localement, ce partenariat permet de désigner des correspondants respectifs, de définir des outils de recueil, de signalement et de transmission des faits de délinquance ou d'incivilités.

II. Le renforcement du partenariat avec les bailleurs sociaux - les actions de prévention

En tout premier lieu la relation partenariale locale doit être préalablement établie à un niveau de responsabilité approprié (chef de secteur par exemple), avec le souci de préserver, tout en garantissant la bonne circulation de l'information, les gardiens d'immeubles du risque de représailles.

L'action policière mise en œuvre au bénéfice des habitants de ces structures immobilières pourra prendre la forme d'opérations de sécurisation, de visites des parties communes (caves, parkings, cages d'escalier...), d'interventions destinées à lutter contre les occupations illicites de halls d'immeubles (article L. 126-3 du code de la construction et de l'habitation) ou encore de soutien aux bailleurs pour l'enlèvement des véhicules épaves.

La mise en œuvre de ces opérations est facilitée lorsque les propriétaires ou exploitants d'immeubles à usage d'habitation accordent aux services de police une autorisation permanente de pénétrer dans les parties communes.

Le travail partenarial développé avec les bailleurs sociaux permet d'apporter une réponse plus pertinente aux problématiques de sécurité et de nuisances rencontrées, par une concertation continue et des méthodes d'intervention définies en commun.

De leur côté, les bailleurs prennent des mesures tendant à améliorer la sécurité des habitants, en embauchant des médiateurs, des correspondants de nuit, ou encore des équipes d'appui aux gardiens d'immeubles.

De même, les bailleurs sociaux sont incités à mettre en œuvre une démarche de prévention situationnelle. Ils bénéficient pour ce faire des conseils des référents sûreté des DDSP.

Les bailleurs sociaux peuvent ainsi décider de l'installation d'un dispositif de vidéoprotection dans les parties communes des immeubles afin de protéger les locaux dont ils ont la charge. Ils peuvent également prévoir, lorsque les circonstances font redouter la commission imminente d'une atteinte grave aux biens ou aux personnes, la transmission des images issues de ce système vers les services de police et de gendarmerie nationales ainsi que, le cas échéant, vers les services de police municipale.

Les modalités de transfert d'images sont alors prévues dans une convention entre le gestionnaire de l'immeuble et le préfet. Lorsque la transmission est autorisée, elle s'effectue en temps réel et demeure strictement limitée au temps nécessaire à l'intervention des forces de sécurité.

Enfin, le cas échéant, il importe de rappeler à ces partenaires leurs obligations en matière d'organisation et d'entretien des parties communes et des parkings, notamment en ce qui concerne la problématique des encombrants, des épaves de véhicules et des lieux jugés « dangereux » (maintien en bon état de l'éclairage…), une inaction en ce domaine pouvant favoriser la dégradation de situations déjà difficiles.

» Document 7

Le partenariat avec l'Éducation nationale

I. Présentation générale

La lutte contre les violences scolaires constitue une priorité réaffirmée pour les services de sécurité publique, et s'inscrit dans le cadre de l'action plus globale menée au travers d'un partenariat étroit avec l'Éducation nationale, pour faire baisser de manière significative et durable la délinquance au sein des établissements scolaires ainsi qu'à leurs abords immédiats. Modulée en fonction des besoins et des circonstances locaux, cette action se décline au travers de la mise en œuvre de plusieurs dispositifs, dont l'utilisation optimale au bénéfice des établissements scolaires situé sur le territoire des ZSP permettra de :

- renforcer la coopération avec l'Éducation nationale en nouant des relations de confiance propices à l'échange réciproque d'information avec les chefs d'établissements ;
- prévenir les événements et les comportements à risques et lutter efficacement contre les violences scolaires dans ces secteurs scolaires.

II. Les actions de prévention et de partenariat avec les établissements

- Les opérations de sécurisation aux abords des établissements scolaires : mises en œuvre de manière régulière et concertée avec les chefs d'établissements, elles contribuent à faire baisser de manière significative et durable la délinquance au sein des établissements scolaires ainsi qu'à leurs abords immédiats.
- Les actions de sensibilisation à destination des élèves et de la communauté éducative : menées dans le cadre du comité d'éducation à la santé et à la citoyenneté (CESC), ces actions portent sur des thèmes variés (violences, racket, rappel à la loi, citoyenneté, conduites addictives, nouvelles technologies, sécurité routière...) adaptés aux besoins exprimés par la communauté éducative. Animées par les policiers intervenant en milieu scolaire, ces séances peuvent bénéficier de l'appui des engagés du service civique.
- Le développement de la prévention situationnelle : dans le cadre de la lutte contre les actes de malveillance et la prévention de la délinquance, l'expertise des référents sûreté pourra utilement être mise au profit des établissements scolaires de la ZSP, au travers d'audits ou de diagnostics de sûreté.
- La contribution aux instances de partenariat élargi (CLSPD, CDDF, GLTD) : hors le cadre du partenariat bilatéral avec l'Éducation nationale, les instances locales de partenariat en matière de prévention de la délinquance peuvent judicieusement être mobilisées pour conduire une action ciblée de prévention scolaire. Ces instances de concertation permettent aussi d'évoquer de manière transversale des situations individuelles et de mobiliser l'ensemble des acteurs compétents (mairie, conseil départemental, parquet, associations...). Ainsi en est-il dans le cadre de la prévention de l'absentéisme scolaire : l'Éducation nationale procède au contrôle de l'assiduité scolaire, le maire exerce son pouvoir de contrôle de l'obligation scolaire et peut dans le cadre du conseil pour les droits et devoirs des familles (CDDF) proposer des mesures d'accompagnement pour les familles qui rencontrent des difficultés dans l'éducation de leurs enfants (soutien à la parentalité pour les familles monoparentales ou les couples en difficulté), en y associant le cas échéant

les services de police. Il convient que le parquet des mineurs soit systématiquement informé des dossiers qui vont être présentés au CDDF, la présence de son représentant pouvant même être suggérée pour les situations les plus particulières.

L'article R. 624-7 du code pénal pourra être utilisé pour les cas les plus graves de non-respect de l'obligation d'assiduité scolaire (non-respect de l'avertissement délivré par le directeur académique des services de l'Éducation nationale agissant sur délégation du recteur d'académie). Dans ce cadre le procureur de la République peut être saisi par cette autorité aux fins de poursuite des parents ou des responsables de l'enfant (contravention de 4e classe). Les poursuites peuvent aussi concerner ceux qui facilitent par aide ou assistance ce non-respect de l'obligation.

III. La mobilisation des personnels spécialisés

- Les correspondants police sécurité de l'école sont les interlocuteurs privilégiés des chefs d'établissements et servent de relais dans la transmission quotidienne d'informations entre les deux institutions. Ils sont également chargés de réaliser les actions de sensibilisation au sein des établissements scolaires sur diverses thématiques et de relayer auprès des PFAD les besoins d'interventions sur le thème des toxicomanies. Ils sont enfin étroitement associés à l'élaboration des diagnostics de sécurité partagée, dont l'actualisation régulière doit être particulièrement recherchée dans les ZSP.
- Les référents police sécurité de l'école disposent, en plus des attributions des policiers correspondants sécurité de l'école, d'un bureau au sein des établissements sensibles dont ils sont chargés. Ils assurent ainsi des permanences régulières en tenue d'uniforme et sont des relais efficaces, capables d'actionner rapidement l'intervention des effectifs de sécurité publique.
- Les policiers formateurs anti-drogue (PFAD) et l'unité de prévention des conduites à risques (UPCR) : spécialement formés aux actions de sensibilisation des élèves et du public en général, les PFAD des directions départementales de la sécurité publique pourront être mobilisés sur l'organisation et la conduite de campagnes ciblées de prévention à destination des élèves des établissements scolaires situés en ZSP.

L'UPCR de la direction centrale de la sécurité publique pourra également être sollicitée en appui de l'action menée localement dans les ZSP, pour des opérations de prévention scolaire et plus largement à l'occasion de manifestations rassemblant un plus large public tel que des festivals musicaux, la journée de la police nationale, des salons ou des foires…

» Document 8

La vidéoprotection

La vidéoprotection constitue un outil majeur de prévention, de dissuasion, et d'élucidation des faits de délinquance, dont l'emploi optimal doit être recherché dans le cadre de la sécurisation renforcée des zones de sécurité prioritaires.
Élément important de la prévention situationnelle, la vidéoprotection permet en effet de rendre plus difficile ou plus risqué le passage à l'acte par le délinquant grâce à une présence ostensible des caméras et par une information sur la présence d'un tel système. Elle permet ainsi de faire diminuer le nombre de faits commis sur les secteurs couverts et, par là même, de renforcer le sentiment de sécurité. Elle est également un véritable outil d'aide à l'enquête, permettant de faciliter l'identification des auteurs d'infractions et l'administration de la preuve. Elle peut enfin constituer un dispositif déterminant dans l'amélioration de la sécurisation des zones de sécurité prioritaires en favorisant une intervention plus rapide et plus efficace des forces de sécurité, qui disposeront, en temps réel, des informations nécessaires à la conduite des interventions.
Pour que la vidéoprotection urbaine remplisse sa fonction d'outil de renseignement et d'aide à la prise de décision, la couverture des secteurs concernés doit être optimale et l'exploitation des images doit pouvoir être faite rapidement. Cela suppose par conséquent une bonne réactivité des centres de supervision urbaine (CSU) et un échange d'information efficace avec les forces de police. Les modalités de cette coopération doivent donc être organisées de manière à répondre à cet impératif : en prévoyant soit la présence d'un policier au CSU, qui va pouvoir suivre en direct les événements et transmettre en temps réel l'information au CIC, soit le renvoi d'images du CSU vers le CIC, avec le cas échéant la faculté pour les services de police de prendre la main sur les caméras (notamment dans le cadre de « vidéo-patrouilles » expérimentées à Marseille et Strasbourg, où un policier d'une unité basé au CIC ou au CSU guide le reste des effectifs sur le terrain).
Si l'opportunité de développer la vidéoprotection dans les zones de sécurité prioritaires doit être envisagée au premier chef dans l'espace urbain (vidéoprotection urbaine), elle peut également être considérée de manière plus globale dans l'ensemble des lieux publics ou des lieux privés ouverts au public, dès lors qu'ils sont particulièrement exposés aux risques de malveillance, qu'il s'agisse des transports publics, des parties communes des habitations (bailleurs sociaux), des établissements scolaires ou encore des espaces et établissements commerciaux.
Dans cette perspective, vous mobiliserez l'expertise technique et juridique des référents sûreté, qui pourront ainsi proposer, parmi d'autres mesures de prévention situationnelle et de façon cohérente et proportionnée à la situation locale, l'implantation ou l'extension de dispositifs de vidéoprotection. Interlocuteurs privilégiés des différents partenaires (municipalités, sociétés de transport public, bailleurs sociaux ou commerces), les référents sûreté sont en effet à même d'apporter expertise et conseils concernant notamment le choix des emplacements sur la zone à protéger ou le type et le nombre de caméras à installer.
Enfin, au-delà de leur rôle important auprès de la préfecture, dans le cadre de la commission départementale de vidéosurveillance chargée de donner un avis sur les demandes d'autorisation d'installation de dispositifs de vidéoprotection, ils peuvent contribuer, en aidant les différents porteurs de projets à concevoir des dispositifs pertinents.

Le dispositif de la vidéo-patrouille

La vidéoprotection peut apporter une aide particulièrement pertinente aux effectifs de police intervenant en ZSP (voir fiche spécifique à ce sujet). Parmi les possibilités de recours à cette ressource qui s'offrent au policier, la technique de la vidéo-patrouille, telle qu'illustrée par les deux exemples ci-après, est particulièrement intéressante en termes d'efficacité. Elle consiste à faire visionner par des policiers de terrain (BAC ou unités d'investigations judiciaires par exemple), au CIC ou au CSU, les images retransmises par les caméras tout en dirigeant en temps réel, un ou des véhicules de patrouille sur ces zones à risques, afin de procéder à des contrôles d'identité ou des interpellations.
Ce dispositif fonctionne d'autant mieux que le quadrillage vidéo est dense.

1. L'exemple de Marseille
La vidéo-patrouille a été lancée au printemps dès l'ouverture du centre de supervision urbaine de la ville de Marseille. Pour information, Marseille dénombre actuellement 102 caméras, essentiellement disposées en centre-ville (puis 240 fin 2012 et enfin 1 000 en 2013). À partir du CIC ou depuis le CSU, le policier en veille derrière l'écran oriente le reste de la patrouille se trouvant sur le terrain.

Procédure applicable
Au CIC : le service demandeur (essentiellement BAC) prévient le chef de quart qu'il compte envoyer un policier au CIC dans le cadre d'une vidéo-patrouille. En fonction de la disponibilité de l'unique poste, la réservation est prise en compte. Le CSU est alors informé de la prise en main des caméras par le policier durant plusieurs heures (2 ou 3 en moyenne). Le policier « visionneur » peut ainsi bénéficier de 8 flux (portés à 12 prochainement) de façon instantanée. À l'issue de l'opération, « la main » sur les caméras est restituée au CSU.
Au CSU : le service demandeur (essentiellement la compagnie de sécurisation et d'intervention) avertit par avance le responsable du CSU de son intention d'envoyer un policier consulter des images en direct provenant des caméras. Cette prise en main s'effectue au CSU de la ville de Marseille, dans une pièce dédiée.
Le fonctionnaire doit figurer parmi la liste des personnes habilitées à pénétrer dans ce local et doit remplir un registre *ad hoc*.

Résultats
Fin juillet 2012, huit affaires ont été élucidées à partir du CIC dans le cadre de la vidéo patrouille. La compagnie de sécurisation et d'intervention a procédé depuis mai 2012 à des vidéo-patrouilles depuis le CSU de la ville de Marseille à des rythmes irréguliers. Pour l'instant, 15 individus ont été interpellés dans 11 affaires différentes.

2. L'exemple de Strasbourg
Un exemple de modalité pertinente de coopération entre forces de police et CSU est donné par Strasbourg à l'occasion du dispositif mis en place chaque 31 décembre.

Procédure applicable

Le CSU de Strasbourg délègue un opérateur vidéo au sein du CIC, lequel est à même de piloter les interventions vidéo de ses collègues restés en salle CSU. Parallèlement est mis en œuvre un dispositif d'aide aux investigations judiciaires, qui se concrétise par le détachement de cinq fonctionnaires de la sûreté départementale, possédant une parfaite connaissance du terrain et de la population délinquante des divers quartiers.

Placés au CSU, trois d'entre eux sont binômés avec des opérateurs CSU et se partagent la circonscription en trois secteurs. Ils sont dotés de moyens radios permettant d'orienter l'action des équipes de terrain en cas de détection d'un événement sur les écrans. Ils pilotent finement la couverture vidéo par les opérateurs, axant la visualisation sur le recueil des éléments de preuve. Ils fournissent en direct tous les éléments permettant d'identifier et d'interpeller les auteurs d'infractions. Réciproquement, recevant les informations en provenance du terrain, ils aident à organiser la « poursuite-vidéo » des suspects lorsque ceux-ci sont mobiles.

Ce dispositif favorise notamment la coordination entre les opérateurs couvrant les divers secteurs, permettant de repérer des suspects précédemment vus dans un autre secteur. La constatation directe de faits délictueux donne lieu à la rédaction simultanée d'actes de procédure par les deux autres fonctionnaires de la SD, permettant l'exploitation ultérieure des renseignements relevés ou une information en temps réel du service du Quart, en charge de la réception des personnes interpellées et du traitement procédural, notamment pour ce qui concerne la détermination du rôle individuel des différents protagonistes d'une même exaction.

Préalablement au service d'ordre de la Saint-Sylvestre, des exercices sont organisés en ambiance nocturne permettant aux opérateurs CSU, aux fonctionnaires SD et aux fonctionnaires des unités d'appui, de s'essayer à des mises en situation.

Résultats

Ce dispositif a permis d'asseoir un certain nombre de procédures dans le temps du flagrant délit ou dans le cadre d'une exploitation différée en enquête préliminaire, lorsque les auteurs n'étaient pas immédiatement identifiables.

La vidéo-patrouille constitue donc un outil performant de pilotage des effectifs sur le terrain, par l'échange en temps réel d'informations au profit des effectifs engagés en patrouille ou de ceux en charge de l'investigation.

Ce dispositif est d'autant plus pertinent qu'il est mis en œuvre pour les besoins d'opérations ciblées (services d'ordre, surveillance et filatures…) en matière administrative ou judiciaire.

» Document 9

Ville de X

FORMULAIRE DE DEMANDE D'EFFACEMENT DE GRAFFITIS
VISIBLES DEPUIS LE DOMAINE PUBLIC

Je soussigné :

....

Demeurant :

....

....

Agissant en qualité de :

Propriétaire ❑

Syndic ou gérant ❑

Demande l'intervention de la ville de X et de son prestataire, la société K., pour procéder à l'enlèvement des tags et graffitis figurant sur l'immeuble ou l'habitation ci-dessus désigné(e).

Dégage la ville de X de toute responsabilité en cas de non-satisfaction quant au résultat obtenu et/ou de dégradation éventuelle du support et des abords.

Caractéristiques des inscriptions :

Date de découverte du sinistre :......... /......... /.........

Adresse du bâtiment concerné :

Localisation :

façade avant ❑

pignon ❑

autres ❑ précisez..............................

Évaluation de la surface concernée :

.................m²

Description du support : (rayer les mentions inutiles)

Surface brute : Béton - ciment - plâtre - bois - briques - acier - céramique - autres (précisez) :...

En application des dispositions fixées par délibération du conseil municipal en date du 15 juin 2010, le coût de l'intervention est pris en charge par la ville.

Fait à X,

le...............................

Signature du demandeur

La correspondance relative à cette demande est à adresser à :

Monsieur le Maire

Hôtel de ville – Services techniques

------------- X

» Document 10

DDSP 28, Sûreté départementale d'Eure-et-Loir

Interpellation de 12 jeunes individus constituant une bande violente et structurée qui terrorisait les habitants d'un quartier sensible depuis plusieurs mois.

Depuis septembre 2010, les habitants et commerçants du quartier sensible Tallemont à Mainvilliers manifestaient, à travers divers collectifs, leur exaspération devant la montée de la violence contre les personnes et les nombreuses atteintes aux biens qui, générées par un petit groupe de délinquants d'habitude, créaient un véritable climat d'insécurité et de menaces constantes sur leur lieu de vie et de travail.

Une enquête préliminaire était ouverte par le groupe criminel de la sûreté départementale d'Eure-et-Loir dans le but d'établir la réalité des faits. En accord avec le parquet, il était décidé, plutôt que de lancer précipitamment des opérations d'interpellations, de « construire » patiemment la procédure afin d'imputer à chaque protagoniste identifié des infractions clairement constituées. Ce travail allait également avoir le mérite de dépeindre le climat de terreur régnant dans le quartier.

Les investigations permettaient bientôt d'identifier la dizaine de membres de cette bande, mineurs ou jeunes majeurs agressifs au comportement résolument antisocial qui, depuis l'été 2011, n'avait eu de cesse de provoquer la population et les forces de l'ordre. Placé sous les ordres d'un individu âgé de 18 ans, véritable chef donnant ses instructions pour organiser des guets-apens, incendier des véhicules, des poubelles, détruire du mobilier urbain et intimider les commerçants et riverains en usant au besoin de violences et de menaces de représailles, le groupe pouvait également s'appuyer sur un noyau dur de « lieutenants » âgés de 16 à 20 ans. Plusieurs dizaines de commerçants, résidents, élus, employés communaux, policiers municipaux et nationaux étaient entendus dans le cadre de l'enquête préliminaire. Chaque témoignage permettait ainsi de déterminer le rôle de chaque protagoniste dans les cambriolages, violences, dégradations diverses et autres menaces conduisant, petit à petit, à un abandon du quartier par les opposants les plus actifs.

Ces dépositions, édifiantes, établissaient la volonté réelle du chef de la bande et ses sbires d'instaurer une culture du territoire. Elles montraient aussi « l'humiliation permanente » vécue par les habitants en butte, quotidiennement, aux incivilités réitérées comme les crachats, les tags, les dégradations provocatrices, les feux de poubelles et les tirs d'armes à feu, pour ne parler que des faits les plus significatifs de la peur imposée à tout le quartier.

Le 28 novembre au matin, une importante opération de police amenait l'interpellation des 12 objectifs ciblés parmi lesquels figuraient évidemment les « figures emblématiques » de la bande.

Chaque mis en cause était placé en garde à vue pour les infractions patiemment établies et imputées.

Pendant les premières 24 heures de rétention, chaque mis en cause participait allègrement à la cacophonie collective, niant toute responsabilité dans les faits en évoquant la thèse du complot.

Durant la prolongation de garde à vue, plusieurs des suspects reconnaissaient *a minima* leur participation à différents faits. Le mis en cause principal, fort défavorablement connu notamment pour des violences volontaires par arme blanche, avouait pour sa part la commission de trois cambriolages.
À l'issue d'une prolongation de garde à vue, les 12 mis en cause (4 mineurs et 8 majeurs) étaient présentés devant le parquet le 1er décembre. Sept majeurs étaient écroués et un placé sous contrôle judiciaire dans l'attente de leur procès prévu le 6 janvier 2012. Les quatre mineurs étaient placés en foyers.

» Document 11

Quelques pistes pragmatiques pour lutter contre les graffitis

Qu'il soit perçu comme une création artistique ou comme un acte de vandalisme, le graffiti (dessin à la peinture) ou le tag (signature calligraphiée) reste un délit s'il est réalisé sur un bien public ou sur un bien privé sans consentement du propriétaire. Dans ce cas, il est défini par la loi comme un acte de dégradation volontaire et son auteur est civilement et pénalement punissable par la loi.

Qui sont les graffeurs ?
Le meilleur moyen de lutter contre un phénomène est d'en connaître les motivations. La pratique montre que les graffeurs ne sont pas nécessairement issus de milieux défavorisés. Peu d'entre eux sont reconnus coupables d'autres délits. Ils agissent par revendication, par plaisir de la transgression ou pour défendre la liberté d'expression.

Comment agir contre les graffitis ?
Il existe plusieurs axes d'action à combiner pour lutter efficacement contre le graffiti : les mesures de prévention, les mesures de reconnaissance et de canalisation du mouvement et les mesures de répression. Nous détaillerons ces actions dans un second article.

Des programmes qui ont fait leurs preuves
Au fil du temps, les villes ont lutté contre ce fléau en réfléchissant à des programmes de prévention qui se sont montrés pour la plupart efficaces. Il s'agit, le plus souvent, d'une collaboration entre les responsables locaux et les services de police. Lire à ce sujet *La lutte anti-graffitis nécessite une approche intégrée.*
La Ville d'Ottawa, en collaboration avec la Prévention du Crime, a lancé le programme annuel « À vos pinceaux », qui consiste à financer des jeunes issus de populations à risque pour qu'ils créent des murales dans les lieux les plus touchés par le phénomène.
En 2001, la commune de Leeuwarden, aux Pays-Bas, a lancé une action en trois volets : un contrat passé avec les principaux propriétaires qui s'engageaient à nettoyer toute inscription dans les deux semaines, stimulation du graffiti dans des espaces réservés, sensibilisation dans les écoles *via* des ateliers guidés par des peintres reconnus. En 2009, le vandalisme par tag avait diminué de 50 % dans le centre.
Du côté du Québec, la ville de Gatineau a présenté un programme, également en trois volets, entre 2010 et 2012 : prévention (sensibilisation de la population et promotion du graffiti en tant qu'art urbain), nettoyage, réglementation (la responsabilité du propriétaire est engagée s'il ne prend pas immédiatement les dispositions nécessaires pour nettoyer sa façade). Les résultats démontrent un franc succès avec une baisse de 60 %.

» Document 12

Le graffiti et la loi

Article 322-1 CP
Modifié par Loi n° 2002-1138 du 9 septembre 2002 - art. 24 JORF 10 septembre 2002.

La destruction, la dégradation ou la détérioration d'un bien appartenant à autrui est punie de deux ans d'emprisonnement et de 30 000 euros d'amende, sauf s'il n'en est résulté qu'un dommage léger.
Le fait de tracer des inscriptions, des signes ou des dessins, sans autorisation préalable, sur les façades, les véhicules, les voies publiques ou le mobilier urbain est puni de 3 750 euros d'amende et d'une peine de travail d'intérêt général lorsqu'il n'en est résulté qu'un dommage léger.

» Document 13

Aggravation des sanctions pour les auteurs des tags et graffitis

12e législature
Question écrite n° 20409 de M. Joël Billard (Eure-et-Loir - UMP)
Publiée dans le JO Sénat du 17 novembre 2005 - page 2950
Devant le phénomène grandissant des tags et graffitis, M. Joël Billard attire l'attention de M. le garde des Sceaux, ministre de la Justice, sur ces inscriptions qui défigurent et dégradent les immeubles et le mobilier urbain. Leur nettoyage est d'un coût élevé, tant pour l'État que pour les collectivités locales. Le dispositif répressif ne semble pas à l'heure actuelle être suffisamment dissuasif. Il lui demande donc si une aggravation des sanctions pénales est envisagée pour les auteurs de ces dégradations.

Réponse du ministère de la Justice
Publiée dans le JO Sénat du W05/2006 – page 1337
Le garde des Sceaux, ministre de la Justice, a l'honneur d'indiquer à l'honorable parlementaire qu'il n'est pas envisagé d'aggraver les sanctions encourues à l'égard des auteurs de tags et de graffitis. Celles-ci paraissent en effet suffisamment dissuasives puisque, dans les cas les plus graves, il est possible de retenir la qualification de dégradations délictuelles commises sur un bien destiné à l'utilité ou à la décoration publiques et appartenant à une personne publique ou chargée d'une mission de service public, prévue par l'article 322-2 du code pénal qui prévoit des peines de trois ans d'emprisonnement et de 45 000 euros d'amende, ou la qualification de dégradations délictuelles commises par plusieurs personnes agissant en qualité d'auteur ou de complice, prévue par l'article 322-3 de ce code qui prévoit des peines de cinq ans d'emprisonnement et de 75 000 euros d'amende. Par ailleurs, dans ces hypothèses ou lorsque sont retenues les qualifications délictuelles ou contraventionnelles applicables en cas de dommage léger, est également encourue la peine de travail d'intérêt général. Il demeure que, pour renforcer la lutte contre ces agissements, la loi du 31 mars 2006 pour l'égalité des chances a complété le code général des collectivités territoriales et le code de procédure pénale afin de renforcer le rôle des maires en la matière. L'article L. 2212-5 du code général des collectivités territoriales prévoit ainsi que les agents de police municipale seront désormais habilités à constater par procès-verbal des contraventions prévues par le code pénal, dont la liste, qui sera dressée par décret en Conseil d'État, mentionnera les contraventions de dégradations volontaires susceptibles de s'appliquer aux auteurs de tags et de graffitis. Par ailleurs, le nouvel article 44-1 du code de procédure pénale donne au maire, en cas de contraventions ayant causé un dommage à la commune, un pouvoir de transaction consistant à demander à l'auteur de faits la réparation du préjudice ou l'exécution d'un travail non rémunéré au profit de la commune, travail qui pourra en pratique consister en la remise en état des façades dégradées. Ces transactions devront être homologuées par le procureur de la République ou, en cas de travail non rémunéré, par le juge du tribunal de police ou le juge de proximité. Si la contravention n'a pas été commise au préjudice de la commune mais d'un tiers, ce qui sera notamment le cas des tags apposés sur des immeubles privés, le maire pourra demander au procureur de la République de recourir à une procédure alternative aux

poursuites. Pourra notamment être mise en œuvre une composition pénale, qui exige l'indemnisation de la victime et permet le prononcé de mesures dissuasives, comme une amende de composition ou l'exécution d'un travail non rémunéré et qui, en cas d'échec, impose d'engager des poursuites. Le procureur de la République devra alors faire connaître au maire la suite réservée à sa proposition. Ces dispositions, qui ont été jugées conformes à la Constitution par le Conseil constitutionnel dans sa décision du 30 mars 2006, paraissent de nature à satisfaire pleinement les légitimes préoccupations de l'honorable parlementaire en permettant une réponse effective et efficace aux incivilités que constituent notamment les tags et les graffitis.

» Document 14

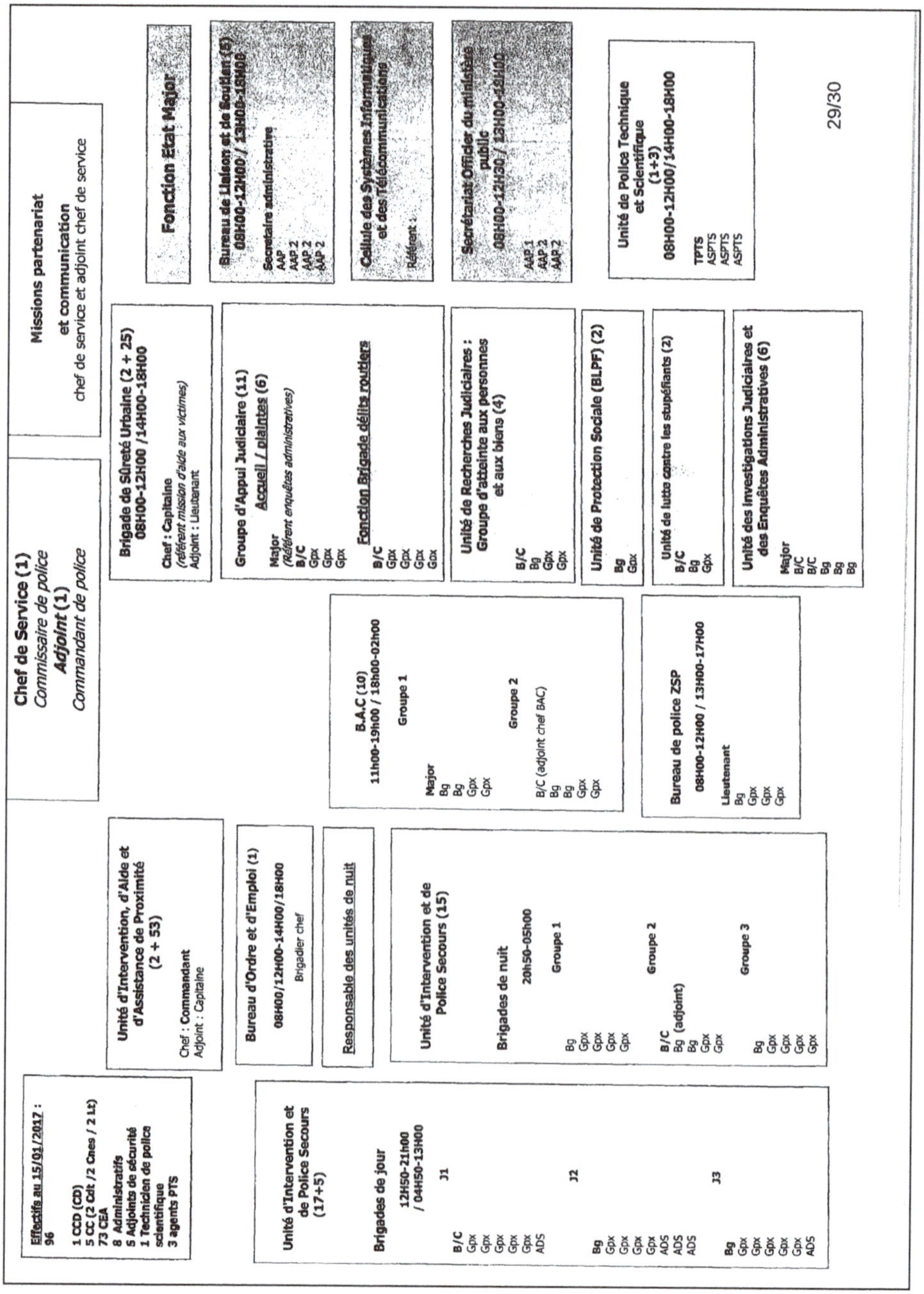
Effectifs au 15/01/2017 :
96
1 CCD (CD)
5 CC (2 Cdt /2 Cnes / 2 Lt)
73 CEA
8 Administratifs
5 Adjoints de sécurité
1 Technicien de police scientifique
3 agents PTS
Chef de Service (1)
Commissaire de police
Adjoint (1)
Commandant de police
Missions partenariat
et communication
chef de service et adjoint chef de service
Unité d'Intervention, d'Aide et d'Assistance de Proximité
(2 + 53)
Chef : Commandant
Adjoint : Capitaine
Bureau d'Ordre et d'Emploi (1)
08H00/12H00-14H00/18H00
Brigadier chef
Responsable des unités de nuit
Unité d'Intervention et de Police Secours
(17+5)
Brigades de jour
12H50-21h00
/ 04H50-13H00
J1
B/C
Gpx
Gpx
Gpx
Gpx
Gpx
ADS
J2
Bg
Gpx
Gpx
Gpx
Gpx
ADS
ADS
ADS
J3
Bg
Gpx
Gpx
Gpx
Gpx
Gpx
ADS
Unité d'Intervention et de Police Secours (15)
Brigades de nuit
20h50-05h00
Groupe 1
Bg
Gpx
Gpx
Gpx
Gpx
Groupe 2
B/C
Bg (adjoint)
Bg
Gpx
Gpx
Groupe 3
Bg
Gpx
Gpx
Gpx
Gpx
B.A.C (10)
11h00-19h00 / 18h00-02h00
Groupe 1
Major
Bg
Bg
Gpx
Gpx
Groupe 2
B/C (adjoint chef BAC)
Bg
Bg
Gpx
Gpx
Bureau de police ZSP
08H00-12H00 / 13H00-17H00
Lieutenant
Bg
Gpx
Gpx
Gpx
Brigade de Sûreté Urbaine (2 + 25)
08H00-12H00 /14H00-18H00
Chef : Capitaine
(référent mission d'aide aux victimes)
Adjoint : Lieutenant
Groupe d'Appui Judiciaire (11)
Accueil / plaintes (6)
Major
(Référent enquêtes administratives)
B/C
Gpx
Gpx
Gpx
Fonction Brigade délits routiers
B/C
Gpx
Gpx
Gpx
Gpx
Unité de Recherches Judiciaires :
Groupe d'atteinte aux personnes et aux biens (4)
B/C
Bg
Gpx
Gpx
Unité de Protection Sociale (BLPF) (2)
Bg
Gpx
Unité de lutte contre les stupéfiants (2)
B/C
Bg
Gpx
Unité des Investigations Judiciaires et des Enquêtes Administratives (6)
Major
B/C
B/C
Bg
Bg
Bg
Fonction Etat Major
Bureau de Liaison et de Soutien (5)
08H00-12H00 / 13H00-18H00
Secrétaire administrative
AAP
AAP 2
AAP 2
AAP 2
Cellule des Systèmes Informatiques et des Télécommunications
Référent :
Secrétariat Officier du ministère public
08H00-12H30 / 13H00-18H00
AAP 1
AAP 2
AAP 2
Unité de Police Technique et Scientifique
(1+3)
08H00-12H00/14H00-18H00
TPTS
ASPTS
ASPTS
ASPTS
29/30

Légende :
AAP : adjoint administratif principal
AAP1 : adjoint administratif principal 1re classe
AAP2 : adjoint administratif principal 2e classe
ADS : adjoint de sécurité
ASPTS : agent de la police technique et scientifique
B.A.C. : brigade anti-criminalité
B/C : brigadier-chef
Bg : brigadier
CC : corps de commandement
CCD : corps de conception et de direction
CD : commissaire divisionnaire
Cdt : commandant de police
CEA : corps d'encadrement et d'application
Cne : capitaine de police
CSP : circonscription de sécurité publique
Gpx : gardien de la paix
Lt : lieutenant de police
PTS : police technique et scientifique
TPTS : technicien de la police technique et scientifique
ZSP : zones de sécurité prioritaires

Corrigé

Cette proposition de correction n'a pas valeur de corrigé type.

Analyse du sujet et des documents

Le sujet était simple à comprendre car les attentes étaient formulées dans le libellé.
Dans la mesure où les faits se déroulent dans un secteur classé en ZSP (zone de sécurité prioritaire), les moyens de la police sont renforcés par des dispositifs spéciaux.
De même, à la lecture du dossier, il convenait de prendre en compte les moyens préventifs et répressifs pour enrayer les phénomènes d'insécurité évoqués dans le sujet.
Pour répondre à la commande hiérarchique évoquée dans le sujet, il est nécessaire de traiter le devoir en deux parties distinctes, comme le précise d'ailleurs le libellé du sujet.

- La première partie sera consacrée aux mesures destinées à lutter contre les actes de délinquance : mesures d'ordre judiciaire, action des forces de police, enquêtes, dispositifs propres aux ZSP, travail de prévention et de partenariat.
- La seconde partie aura une vocation bien plus opérationnelle. Il s'agit pour les candidats de présenter un plan d'actions concrètes. L'articulation entre la prévention et la répression sera ici encore déclinée. Pour cela, l'ensemble des moyens d'action sera évoqué (patrouilles, vidéosurveillance, enquêtes, institution judiciaire…).

Pour mémoire

- Une note est là avant tout pour informer (ce qui implique une exigence de clarté et de précision sur le plan rédactionnel, une note bien structurée et une longueur raisonnable).
- Il est inutile d'en rajouter sur le caractère « dirigiste » de la note (la police est un corps hiérarchisé et chacun sait à quoi s'en tenir).
- Pensez toujours à l'information ascendante et descendante (les effectifs rendent compte des opérations entreprises, les officiers lisent et commentent la note lors des appels, les notes sont affichées, les difficultés d'application sont signalées à l'autorité…).
- Dans le contexte actuel, les efforts et changements sont effectués à moyens humains et matériels constants, voire avec moins de moyens. Le libellé de ce sujet est d'ailleurs très clair sur ce point : « Votre proposition devra par hypothèse reposer sur un effectif constant, tant pour le service que pour l'accueil proprement dit. »

Proposition de plan

Le plan doit être décliné en plusieurs phases.
La mention du renvoi aux documents n'est pas recommandée dans la note.

Le lieutenant de police
à
Monsieur le Commissaire de police, chef de service

Comme le signale le courrier de Monsieur le Maire, plusieurs habitations de notre circonscription ont fait l'objet de tags et de dégradations. Cette situation a suscité l'émoi et le mécontentement d'un certain nombre de riverains. On a ainsi pu déplorer des velléités de constitutions de milices privées.
Ces tensions ne doivent pas occulter le bilan positif depuis le classement en zone de sécurité prioritaire (ZSP). En effet, de mars 2016 à mars 2017, nous avons relevé une baisse de 2 % de la délinquance de voie publique, un triplement des interpellations et une hausse de 58 % du taux d'élucidation.
Au regard de cette situation, qui a été portée à la connaissance du préfet par Monsieur le Maire, il est nécessaire de mobiliser rapidement et efficacement nos moyens. Cette mobilisation est facilitée par les dispositifs dont nous pouvons disposer en raison du classement en ZSP et des dispositifs répressifs (I) et par un plan spécifique d'action (II).

I. Les dispositions liées aux dispositifs répressifs et au classement en ZSP
À l'instar de la philosophie des ZSP, telle que définie par la circulaire du ministère de l'Intérieur du 30 juillet 2012, il importe de s'attaquer aux causes profondes de la délinquance.

A. La répression pénale
Les dispositions de l'article 322-1 du code pénal répriment les auteurs de tags et graffitis. Le quantum de la peine est de 2 ans d'emprisonnement et de 30 000 euros d'amende. L'article 322 du code pénal prévoit la possibilité d'une aggravation des sanctions.
La loi du 30 mars 2006 sur l'égalité des chances renforce le pouvoir des maires en autorisant les agents municipaux à constater par procès-verbaux les tags et graffitis.
S'agissant des possibilités d'enquêtes, la sûreté départementale d'Eure-et-Loir a réalisé une remarquable affaire. Ainsi, à la suite d'investigations élargies et coordonnées, de véritables bandes délinquantes ont été démantelées, assurant ainsi un retour à la paix publique dans les quartiers concernés. Les importantes dégradations commises ont été notamment élucidées grâce à l'apport de la police technique et scientifique et du groupe d'intervention régional (GIR).
En liaison avec le parquet, il est possible de solliciter la création d'un groupe local de traitement de la délinquance (GLTD) pour suivre ces infractions spécifiques.

B. Les partenariats mis en place en ZSP

Sous la tutelle du préfet et du procureur de la République, les dispositifs de ZSP permettent d'élargir efficacement les partenariats de la police nationale. Ainsi, dans le cas précis des tags et dégradations, le CLSP peut être amené à solliciter les associations de quartier, les bailleurs sociaux, les propriétaires d'immeubles et la mairie. La communication autour du phénomène, l'échange d'informations et le nettoyage rapide peuvent notamment y être discutés.

En la matière, les bailleurs ont ainsi un rôle important à jouer. La vidéosurveillance des extérieurs des immeubles et de leurs parties communes, la mise en place de rondes d'agents de sécurité ou de prévention sont des exemples d'actions efficaces pouvant être mises en place par les bailleurs sociaux en liaison avec les services de la police nationale.

De même, l'Éducation nationale peut sensibiliser ses élèves aux conséquences pénales des tags et des dégradations, ainsi que toute dérive de déscolarisation vers un parcours délinquant.

Les délégués du préfet peuvent également s'impliquer dans le rapprochement entre la police et la population d'un quartier en pleine dérive.

II. La mise en place d'un plan spécifique d'actions locales

Le plan spécifique d'actions locales à l'encontre des tags et graffitis s'oriente à la fois vers la répression et la prévention de ce phénomène.

A. La répression du phénomène

Préalablement à une phase d'enquête, le renseignement territorial peut être sollicité à raison de sa connaissance des bandes et des quartiers sensibles. De même, les services de voie publique (îlotiers, service général et BAC) peuvent être amenés à apporter leur concours, à la fois en ce qui concerne la remontée d'informations et de potentielles interpellations d'auteurs.

En la matière, les services d'enquêtes du commissariat (BSU) joueront un rôle essentiel dans la recherche du renseignement en liaison avec les autres services. Il est ainsi possible d'envisager la mise en place d'une cellule d'enquête *ad hoc* composée de deux officiers de police judiciaire. Une cartographie précise des tags et dégradations permettra de rapprocher plusieurs infractions d'un même auteur présumé. Afin de rassurer la population et d'interagir plus efficacement avec les partenaires, les enquêteurs de la BSU seront présents aux réunions avec les partenaires et au GLTD.

Sur la voie publique, l'ensemble des effectifs du commissariat sera sensibilisé à ce phénomène et à l'interpellation des auteurs. La police municipale sera aussi associée à ce dispositif. Il pourrait également être envisagé de réorienter ponctuellement la vidéosurveillance vers les lieux les plus touchés par les tags et dégradations.

En lien avec le parquet, des réquisitions ciblées pour des contrôles d'identité peuvent être demandées au procureur de la République.

B. Les actions préventives

Aux côtés des dispositifs de partenariat propres aux ZSP, les conseils de quartiers peuvent être un relais d'actions préventives locales. La présence d'un policier référent lors de ces conseils de quartier aura notamment pour finalité d'enrayer le sentiment d'abandon de la part des pouvoirs publics et d'insécurité. Le risque de vengeance privée doit être écarté le plus rapidement possible.

La prévention situationnelle doit également être recherchée. Il pourra notamment d'agir de murs d'expression libre, en de nettoyage au moyen d'un vernis empêchant les graffitis…

Enfin, la communication dans la presse locale recherche à dissuader les auteurs et valorisera l'action de la police.

Annexes

1 Le manuel tout-en-un

Cet ouvrage accompagne les candidats durant leur préparation aux concours externe et interne de commissaire et d'officier de police (catégorie A).

Outre une présentation détaillée des métiers de commissaire et d'officier de police et de la formation pour y accéder, ce guide tout-en-un propose des conseils de méthodologie, des rappels de cours et des exercices d'entraînement pour préparer :

- **les épreuves d'admissibilité :** dissertation sur un sujet de culture générale, résolution de cas pratique, QCM ou QRC portant sur l'actualité politique et institutionnelle, épreuves de droit (QCM ou QRC portant sur le droit administratif général et/ou les libertés publiques, cas pratique) ;
- **les épreuves d'admission** : épreuve écrite de tests psychotechniques, tests de gestion du stress, mise en situation individuelle à partir d'un cas pratique, entretien avec le jury.

Des sujets récents d'annales corrigés (session 2019) vous permettent de vous mettre en situation de concours tout en évaluant vos connaissances et votre savoir-faire pour les différentes épreuves.

2 Le manuel sur l'épreuve de cas pratique

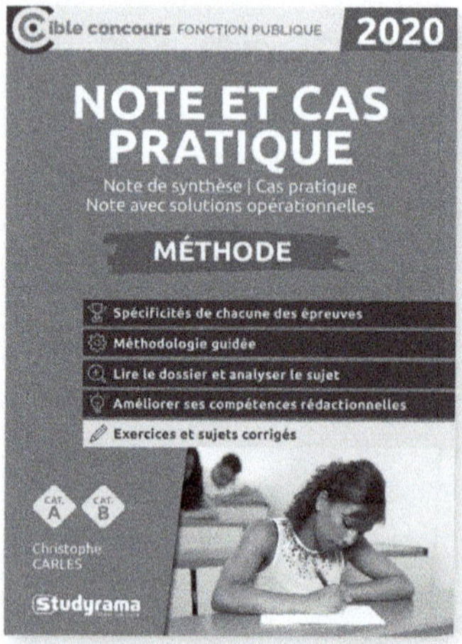

Cet ouvrage s'adresse à tous les candidats préparant des concours administratifs, externes et internes, de catégorie B et A de la fonction publique d'État, territoriale et hospitalière. Ces concours ont en effet pour point commun de proposer quasi systématiquement des épreuves écrites sur dossier dont la réussite suppose un apprentissage minutieux.

Détaillant les spécificités de chacune des épreuves : cas pratique, note de synthèse et note avec solutions opérationnelles, cet ouvrage propose une méthodologie pratique, étape par étape, pour apprendre à gérer son temps, améliorer ses capacités rédactionnelles et maîtriser les compétences attendues : synthèse, analyse, réflexion et rédaction.

Des sujets d'annales récents, accompagnés de corrigés, vous permettent de vous entraîner en situation et d'acquérir les bons réflexes.

3 Le manuel sur les tests psychotechniques

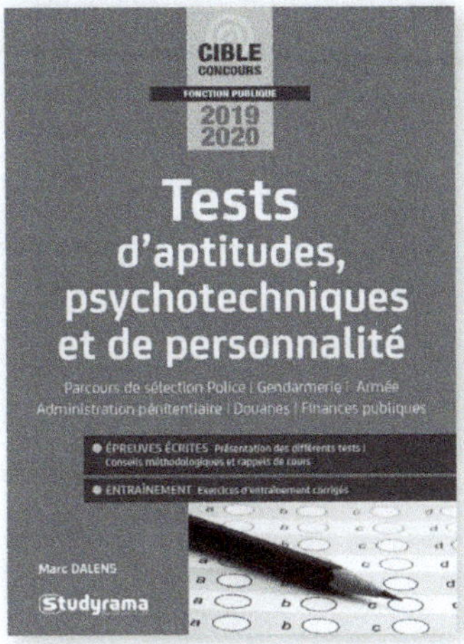

Cet ouvrage s'adresse aux candidats préparant les concours de recrutement de la police, de la gendarmerie, de l'armée, de l'administration pénitentiaire, des douanes et des finances publiques.

Ces concours sont de plus en plus nombreux à proposer une épreuve de tests de sélection, qui est souvent redoutée par la plupart des candidats.

Ce guide propose une présentation détaillée des différents types de tests d'aptitudes, psychotechniques et de personnalité (ou inventaires de personnalité) qui s'avèrent très variés et avec les exigences desquels vous devez être parfaitement familiarisé. Des rappels de cours et de nombreux exercices corrigés vous permettent de consolider vos connaissances en français, mathématiques et raisonnement logique, mais aussi de préparer efficacement l'épreuve afin de pouvoir l'affronter en toute sérénité.

Les tests de personnalité font l'objet d'une présentation détaillée et des conseils pratiques vous sont donnés afin d'appréhender le mieux possible ces tests.

Des exercices d'entraînement, de difficulté croissante et chronométrés, vous aideront à être fin prêt pour le jour J.

4 Le manuel pour préparer l'épreuve orale

Cet ouvrage a pour objectif de vous préparer aux épreuves orales des concours et sélections de :

- **la police nationale** : adjoint de sécurité, gardien de la paix, officier et commissaire de police,
- **la gendarmerie nationale** : gendarme adjoint volontaire, sous-officier et officier de gendarmerie,
- **l'armée française** : engagé volontaire et sous-officier (armée de Terre, armée de l'Air et Marine nationale).

Indispensable pour une préparation efficace des épreuves d'admission, ce manuel vous propose :

- une présentation détaillée des différents métiers et de l'environnement professionnel,
- des conseils et une méthodologie destinés à préparer spécifiquement les épreuves orales face au jury,
- un entraînement pour apprendre à décrire son parcours, exprimer ses motivations, maîtriser l'exposé sur un sujet tiré au sort et répondre efficacement aux questions du jury, notamment les questions de mise en situation professionnelle.

En complément, des exercices corrigés vous permettent de vous entraîner pour gagner en assurance face au jury afin de faire la différence par rapport aux autres candidats.

Notes

Notes

34/38, rue Camille-Pelletan - 92309 Levallois-Perret cedex
Imprimerie Sepec Numérique - 01960 Péronnas - N10803190804
Imprimé en France - 3e trimestre 2019

Service éditorial : Benjamin Dias Pereira, Joanna Lebailly,
Deborah Lopez, Lucie Préault
Conception graphique : Catherine Aubin

Dépôt légal à parution
ISBN 978-2-7590-4069-8